MQ

맥체인큐티(12-04)

하나님의 말씀과 기도로
거룩하여 짐이라
(딤전 4:5)

MQ

맥체인큐티(12-04)

발 행 인 김수곤
편집위원 김홍양 임건혁 정현기 김종인 박성대
디 자 인 디자인이츠
발행한곳 선교횃불
등록주소 송파구 백제고분로 27길 12(삼전동)
전 화 (02) 2203-2739
팩 스 (02) 2203-2738
이 메 일 ccm2you@gmail.com
홈페이지 www.ccm2u.com
발 행 일 2021년 4월 1일

맥체인성경읽기표 4월

일자	날짜	가정		개인	
91	4/1	레 4	시1·2	잠19	골 2
92	2	레 5	시3·4	잠20	골 3
93	3	레 6	시5·6	잠21	골 4
94	4	레 7	시7·8	잠22	살전1
95	5	레 8	시 9	잠23	살전2
96	6	레 9	시10	잠24	살전3
97	7	레10	시11·12	잠25	살전4
98	8	레11·12	시13·14	잠26	살전5
99	9	레13	시15·16	잠27	살후1
100	10	레14	시17	잠28	살후2
101	11	레15	시18	잠29	살후3
102	12	레16	시19	잠30	딤전1
103	13	레17	시20·21	잠31	딤전2
104	14	레18	시22	전 1	딤전3
105	15	레19	시23·24	전 2	딤전4
106	16	레20	시25	전 3	딤전5
107	17	레21	시26·27	전 4	딤전6
108	18	레22	시28·29	전 5	딤후1
109	19	레23	시30	전 6	딤후2
110	20	레24	시31	전 7	딤후3
111	21	레25	시32	전 8	딤후4
112	22	레26	시33	전 9	딛 1
113	23	레27	시34	전10	딛 2
114	24	민 1	시35	전11	딛 3
115	25	민 2	시36	전12	몬 1
116	26	민 3	시37	아 1	히 1
117	27	민 4	시38	아 2	히 2
118	28	민 5	시39	아 3	히 3
119	29	민 6	시40·41	아 4	히 4
120	30	민 7	시42·43	아 5	히 5

차례

맥체인 QT 가이드

01 사도신경 오늘의 찬양

신앙고백으로 마음을 정돈하고, 오늘의 찬양으로 마음의 준비를 하세요.

02 핵심주제

그날의 핵심주제를 기억하며 본문으로 들어갑니다.

03 본문읽기

네 본문의 소제목을 기억하면서 본문을 정독으로 읽으세요.
- 반복되는 단어, 유사한 단어, 반대되는 단어를 기억하면서...
- 나에게 주시는 동일한 핵심 단어를 4책에서 찾아 기록해 보세요.

04 묵상가이드

본문의 내용을 떠올리며 단어나 문장을 연결하며 다시 한번 정독으로 읽으세요.

05 더 깊은 묵상

하나님이 나에게 주시는 말씀을 다시 한번 묵상해 보세요.

06 말씀기도

오늘 내게 주신 말씀에 순종 할 수 있도록 하나님께 기도를 드립니다.

07 나의 적용

묵상을 통해 주신 말씀에 순종하며, 오늘 내가 할수 있는 일을 구체적으로 기록해 보세요.

08 감사기도

감사가 사라지고 있는 이 시대.. 하루에 3가지(믿음, 소망, 사랑)의 감사하는 마음을 담아 기록하여 보세요. 감사는 또 다른 감사를 만들어 줍니다.

09 말씀암송

주어진 시간안에서 말씀을 기억하세요. (괄호 채우기를 권해드립니다.) 1년 365요절을 암송합니다.

▶나눔 (하브루타 토론식)◀

교회 소그룹에 활용시 (09)말씀기도 전에
『하브루타 토론식』으로 서로의 의견을 말하고 생각을 공유해 보세요.
맥체인QT집으로 묵상을 하시면
같은 말씀이라도 하나님의 주신 말씀이 다양한 방향과 방법으로
대화의 나눔의 장을 만들어 드릴것입니다.

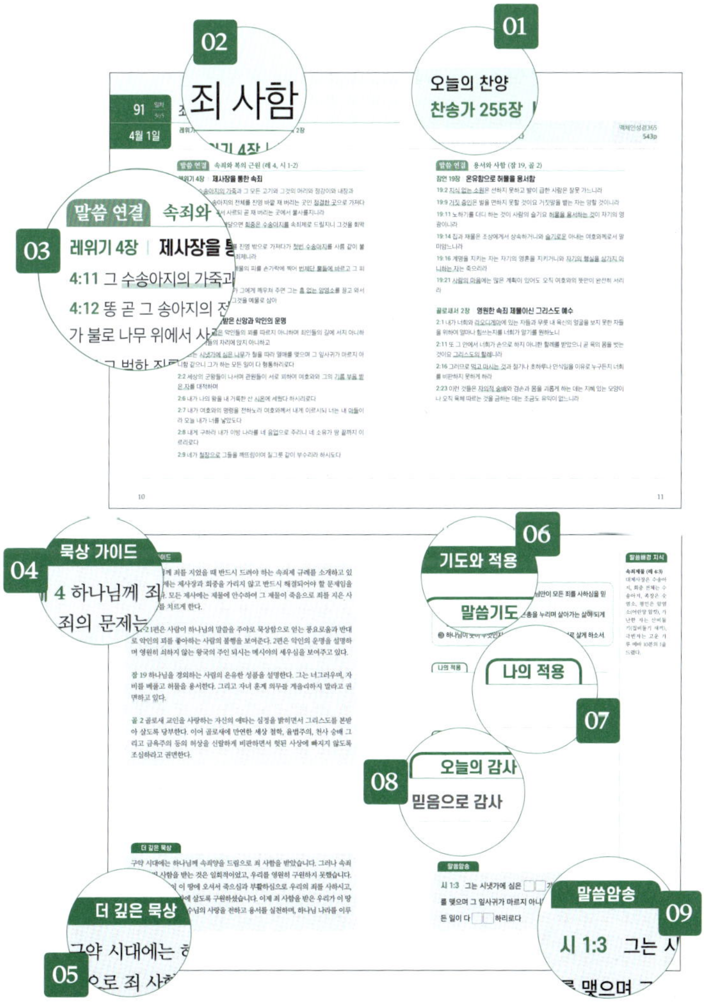

맥체인 성경읽기는

말씀에서 길을 찾고 기도로 힘을 얻는다

● **나의 맥체인 성경읽기를 공개합니다.**

① 먼저 기도하고 찬양으로 마음을 준비합니다.

② 성경읽기표에 따른 네 본문에 제시된 주제를 통해 중심 단어를 생각합니다.

③ 네 성경 본문을 순서대로 천천히 읽습니다. (주요 요절이나 단어에 밑줄이나 표기를 합니다.)

④ 우선 두 성경 본문에서 주제와 일치하는 내용이나 반복되는 단어나 유사한 문맥을 찾아 서로 연결해 봅니다.

⑤ 본문에서 반대되는 내용이나 같은 뜻을 가진 단어나 문장 문맥을 찾아봅니다.

⑥ 이렇게 연결되는 본문을 나머지 다른 두 권으로 확대하여, 네 권 전체에 흐르는 하나님의 뜻을 발견하고, 그 내용을 적어봅니다. (나에게 주시는 말씀)

⑦ 네 성경 본문을 한 주제로 연결하도록(Word Link) 깊은 묵상을 합니다.

⑧ 나아가 본문에서 지도자나 인도자로부터 배운 신학 주제나 교리들이 함축하고 있는 문맥이나 내용의 짝을 찾아봅니다.

⑨ 삶에 적용할 항목들을 적어보고 실천함으로써 놀라운 변화를 경험해 봅니다. 매일 묵상할 때마다 다른 감동을 경험할 수 있습니다.

⑩ 마지막으로 하나님이 오늘 나에게 주신 말씀을 통하여 가르침, 명령과 약속과 권면, 경고 및 행해야 할 일들을 적어보고, 하나님과 대화하는 마음으로 묵상하고, 말씀기도로 성경읽기를 마무리합니다.

※ 독자들의(맥체인큐티, MQ) 다양한 원고를 기다립니다. 공동체의 성경읽기가 습관화 되어지도록 말씀묵상, 말씀적용, 감사기도의 은혜를 독자들과 나눌 수 있도록 사연을 기다립니다. 지면을 통하여 함께 은혜 나누기를 소망합니다. 채택되신 분들에게는 감사의 마음을 담아 선교횃불 도서를 선물로 보내드립니다. (이메일 : ccm2you@gmail.com)

맥체인 성경읽기

[주의할 점]

첫째, 형식으로 읽지 말아야 합니다.

둘째, 분량 채우는 것으로 만족하지 말아야 합니다.

셋째, 아무렇게나 건성으로 읽지 말아야 합니다.

넷째, 의무감으로 억지로 읽지 말아야 합니다.

[장점]

첫째, 성경 전체를 1년 동안 정독할 수 있습니다.

둘째, 성경의 네 가지 본문을 동시에 보는 안목을 기르게 됩니다.

셋째, 성경의 주인이 하나님이심을 알게 됩니다.

넷째, 어느 부분을 읽을지 고민하지 않습니다.

다섯째, 교회의 전 성도가 어디를 읽는지 알 수 있습니다.

여섯째, SNS로 같은 본문의 은혜 나눔이 가능합니다.

일곱째, 새벽기도때 설교를 듣고 매일 읽어 나갈 수 있습니다.

아름다운 꿈을 지녀라

사람은 눈 앞에 보이는 것만
바라보고 살아가는 것이 아니다.
좀 더 먼 곳을 바라보며
미래 속에 잠긴 꿈을 바라보며 살아간다.

우리는 현재보다 좀 더 아름다운 것을 바라고
좀 더 보람 있는 것을 바란다.

먼지 낀 현실에 살면서
먼지 없는 꿈을 향하여 걸어가고 있다.

만일 우리에게 맑고 고운 꿈이 없다면
무엇으로 때 묻은 이 현실을
씻어내면서 살아갈 것인가.

아름다운 꿈을 지녀라.
그리하면 때 묻은 오늘의 현실이
순화되고 정화될 수 있다.

좋은 글 모음 160가지 / 문예의 전당

91 일차/365

4월 1일

죄 사함

레위기 4장 | 시편 1-2편 | 잠언 19장 | 골로새서 2장

말씀 연결 속죄와 복의 근원 (레 4, 시 1-2)

레위기 4장 | 제사장을 통한 속죄

4:11 그 수송아지의 가죽과 그 모든 고기와 그것의 머리와 정강이와 내장과

4:12 똥 곧 그 송아지의 전체를 진영 바깥 재 버리는 곳인 정결한 곳으로 가져다
가 불로 나무 위에서 사르되 곧 재 버리는 곳에서 불사를지니라

4:14 그 범한 죄를 깨달으면 회중은 수송아지를 속죄제로 드릴지니 그것을 회막
앞으로 끌어다가

4:21 그는 그 수송아지를 진영 밖으로 가져다가 첫번 수송아지를 사름 같이 불
사를지니 이는 회중의 속죄제니라

4:25 제사장은 그 속죄 제물의 피를 손가락에 찍어 번제단 뿔들에 바르고 그 피
는 번제단 밑에 쏟고

4:28 그가 범한 죄를 누가 그에게 깨우쳐 주면 그는 흠 없는 암염소를 끌고 와서
그 범한 죄로 말미암아 그것을 예물로 삼아

시편 1-2편 | 구원받은 신앙과 악인의 운명

1:1 복 있는 사람은 악인들의 꾀를 따르지 아니하며 죄인들의 길에 서지 아니하
며 오만한 자들의 자리에 앉지 아니하고

1:3 그는 시냇가에 심은 나무가 철을 따라 열매를 맺으며 그 잎사귀가 마르지 아
니함 같으니 그가 하는 모든 일이 다 형통하리로다

2:2 세상의 군왕들이 나서며 관원들이 서로 꾀하여 여호와와 그의 기름 부음 받
은 자를 대적하며

2:6 내가 나의 왕을 내 거룩한 산 시온에 세웠다 하시리로다

2:7 내가 여호와의 명령을 전하노라 여호와께서 내게 이르시되 너는 내 아들이
라 오늘 내가 너를 낳았도다

2:8 내게 구하라 내가 이방 나라를 네 유업으로 주리니 네 소유가 땅 끝까지 이
르리로다

2:9 네가 철장으로 그들을 깨뜨림이여 질그릇 같이 부수리라 하시도다

오늘의 찬양

찬송가 255장 | 너희 죄 흉악하나

맥체인성경365
543p

말씀 연결 용서와 사함 (잠 19, 골 2)

잠언 19장 | 온유함으로 허물을 용서함

19:2 지식 없는 소원은 선하지 못하고 발이 급한 사람은 잘못 가느니라

19:9 거짓 증인은 벌을 면하지 못할 것이요 거짓말을 뱉는 자는 망할 것이니라

19:11 노하기를 더디 하는 것이 사람의 슬기요 허물을 용서하는 것이 자기의 영
광이니라

19:14 집과 재물은 조상에게서 상속하거니와 슬기로운 아내는 여호와께로서 말
미암느니라

19:16 계명을 지키는 자는 자기의 영혼을 지키거니와 자기의 행실을 삼가지 아
니하는 자는 죽으리라

19:21 사람의 마음에는 많은 계획이 있어도 오직 여호와의 뜻만이 완전히 서리
라

골로새서 2장 | 영원한 속죄 제물이신 그리스도 예수

2:1 내가 너희와 라오디게아에 있는 자들과 무릇 내 육신의 얼굴을 보지 못한 자들
을 위하여 얼마나 힘쓰는지를 너희가 알기를 원하노니

2:11 또 그 안에서 너희가 손으로 하지 아니한 할례를 받았으니 곧 육의 몸을 벗는
것이요 그리스도의 할례니라

2:16 그러므로 먹고 마시는 것과 절기나 초하루나 안식일을 이유로 누구든지 너희
를 비판하지 못하게 하라

2:23 이런 것들은 자의적 숭배와 겸손과 몸을 괴롭게 하는 데는 지혜 있는 모양이
나 오직 육체 따르는 것을 금하는 데는 조금도 유익이 없느니라

묵상 가이드

레 4 하나님께 죄를 지었을 때 반드시 드려야 하는 속죄제 규례를 소개하고 있다. 죄의 문제는 제사장과 회중을 가리지 않고 반드시 해결되어야 할 문제임을 깨닫게 한다. 모든 제사에는 제물에 안수하여 그 제물이 죽음으로 죄를 지은 사람의 대가를 치르게 한다.

시 1-2 1편은 사람이 하나님의 말씀을 주야로 묵상함으로 얻는 풍요로움과 반대로 악인의 꾀를 좋아하는 사람의 불행을 보여준다. 2편은 악인의 운명을 설명하며 영원히 쇠하지 않는 왕국의 주인 되시는 메시야의 세우심을 보여주고 있다.

잠 19 하나님을 경외하는 사림의 온유한 성품을 설명한다. 그는 너그러우며, 자비를 베풀고 허물을 용서한다. 그리고 자녀 훈계 의무를 게을리하지 말라고 권면하고 있다.

골 2 골로새 교인을 사랑하는 자신의 애타는 심정을 밝히면서 그리스도를 본받아 살도록 당부한다. 이어 골로새에 만연한 세상 철학, 율법주의, 천사 숭배 그리고 금욕주의 등의 허상을 신랄하게 비판하면서 헛된 사상에 빠지지 않도록 조심하라고 권면한다.

더 깊은 묵상

구약 시대에는 하나님께 속죄양을 드림으로 죄 사함을 받았습니다. 그러나 속죄양으로 죄 사함을 받는 것은 일회적이었고, 우리를 영원히 구원하지 못했습니다. 그래서 예수님이 이 땅에 오셔서 죽으심과 부활하심으로 우리의 죄를 사하시고, 영원히 하나님 나라에 살도록 구원하셨습니다. 이제 죄 사함을 받은 우리가 이 땅에 살아가는 동안 예수님의 사랑을 전하고 용서를 실천하며, 하나님 나라를 이루며 살아가야 합니다.

기도와 적용

말씀기도

❶ 십자가에서 죽으시고 부활하신 예수님만이 모든 죄를 사하심을 믿게 하소서.
❷ 예수 그리스도 안에서 사함의 은총을 누리며 살아가는 삶이 되게 하소서.
❸ 하나님의 뜻이 무엇인지 먼저 구하는 하나님의 자녀로 살게 하소서.

나의 적용

오늘의 감사

믿음으로 감사

소망으로 감사

사랑으로 감사

말씀암송

시 1:3 그는 시냇가에 심은 ☐☐가 철을 따라 ☐☐를 맺으며 그 잎사귀가 마르지 아니함 같으니 그가 하는 모든 일이 다 ☐☐하리로다

말씀배경 지식

속죄제물 (레 4:3)
대제사장은 수송아지, 회중 전체는 수송아지, 족장은 숫염소, 평민은 암염소(어린양 암컷), 가난한 자는 산비둘기(집비둘기 새끼), 극빈자는 고운 가루 에바 10분의 1을 드렸다.

92 일차 / 365

부정함과 구원

4월 2일

레위기 5장 | 시편 3-4편 | 잠언 20장 | 골로새서 3장

말씀 연결 부정과 구원 (레 5, 시 3-4)

레위기 5장 | 각종 부정의 처리

5:3 만일 부지중에 어떤 사람의 부정에 닿았는데 그 사람의 부정이 어떠한 부정이든지 그것을 깨달았을 때에는 허물이 있을 것이요

5:6 그 잘못으로 말미암아 여호와께 속죄제를 드리되 양 떼의 암컷 어린 양이나 염소를 끌어다가 속죄제를 드릴 것이요 제사장은 그의 허물을 위하여 속죄할지니라

5:11 만일 그의 손이 산비둘기 두 마리나 집비둘기 두 마리에도 미치지 못하면 그의 범죄로 말미암아 고운 가루 십분의 일 에바를 예물로 가져다가 속죄제물로 드리되 이는 속죄제인즉 그 위에 기름을 붓지 말며 유향을 놓지 말고

5:15 누구든지 여호와의 성물에 대하여 부지중에 범죄하였으면 여호와께 속건제를 드리되 네가 지정한 가치를 따라 성소의 세겔로 몇 세겔 은에 상당한 흠 없는 숫양을 양 떼 중에서 끌어다가 속건제로 드려서

시편 3-4편 | 구원은 여호와께 있음

3:3 여호와여 주는 나의 방패시요 나의 영광이시요 나의 머리를 드시는 자이시니이다

3:4 내가 나의 목소리로 여호와께 부르짖으니 그의 성산에서 응답하시는도다 (셀라)

4:1 내 의의 하나님이여 내가 부를 때에 응답하소서 곤란 중에 나를 너그럽게 하셨사오니 내게 은혜를 베푸사 나의 기도를 들으소서

4:2 인생들아 어느 때까지 나의 영광을 바꾸어 욕되게 하며 헛된 일을 좋아하고 거짓을 구하려는가 (셀라)

4:5 의의 제사를 드리고 여호와를 의지할지어다

오늘의 찬양
찬송가 423장 | 먹보다도 더 검은

맥체인성경365
547p

말씀 연결 기다림과 구원의 삶 (잠 20, 골 3)

잠언 20장 | 여호와를 기다림과 기다리는 자의 삶

20:1 포도주는 거만하게 하는 것이요 독주는 떠들게 하는 것이라 이에 미혹되는 자마다 지혜가 없느니라

20:4 게으른 자는 가을에 밭 갈지 아니하나니 그러므로 거둘 때에는 구걸할지라도 얻지 못하리라

20:8 심판 자리에 앉은 왕은 그의 눈으로 모든 악을 흩어지게 하느니라

20:13 너는 잠자기를 좋아하지 말라 네가 빈궁하게 될까 두려우니라 네 눈을 뜨라 그리하면 양식이 족하리라

20:21 처음에 속히 잡은 산업은 마침내 복이 되지 아니하느니라

20:24 사람의 걸음은 여호와로 말미암나니 사람이 어찌 자기의 길을 알 수 있으랴

20:26 지혜로운 왕은 악인들을 키질하며 타작하는 바퀴를 그들 위에 굴리느니라

골로새서 3장 | 구원 받은 자의 삶

3:5 그러므로 땅에 있는 지체를 죽이라 곧 음란과 부정과 사욕과 악한 정욕과 탐심이니 탐심은 우상 숭배니라

3:11 거기에는 헬라인이나 유대인이나 할례파나 무할례파나 야만인이나 스구디아인이나 종이나 자유인이 차별이 있을 수 없나니 오직 그리스도는 만유시요 만유 안에 계시니라

3:14 이 모든 것 위에 사랑을 더하라 이는 온전하게 매는 띠니라

3:15 그리스도의 평강이 너희 마음을 주장하게 하라 너희는 평강을 위하여 한 몸으로 부르심을 받았나니 너희는 또한 감사하는 자가 되라

3:16 그리스도의 말씀이 너희 속에 풍성히 거하여 모든 지혜로 피차 가르치며 권면하고 시와 찬송과 신령한 노래를 부르며 감사하는 마음으로 하나님을 찬양하고

3:21 아비들아 너희 자녀를 노엽게 하지 말지니 낙심할까 함이라

묵상 가이드

레 5 속죄제를 드려야 할 상황과 속건제의 규례를 가르쳐 주고 있다. 특히 속건제는 사람에게 죄를 지었을 때 배상의 의무와 함께 반드시 하나님께 속죄가 요구된다는 사실을 통해 비록 사람에게 범한 잘못일지라도 궁극적으로는 그것이 하나님 앞에서 범한 죄가 된다는 사실을 보여 주고 있다.

시 3-4 3편은 다윗이 아들 압살롬의 반역을 피해 도망자의 삶을 살아가는 비탄한 심정을 담은 노래이다. 모든 것을 잃어버렸을 때의 탄식 중에도 신앙이 더욱 확고해져서 구원이 오직 여호와께만 있는 사실을 노래한다. 4편은 '저녁의 기도'라고도 불리는 탄원시다. 다윗의 동일한 고백으로 비록 고난 속에서도 오히려 하나님이 주시는 신령한 기쁨과 평안을 누릴 수 있었음을 찬양하고 있다.

잠 20 하나님 앞에서 위의 것을 따라 사는 온전한 삶이 무엇인지를 가르쳐 준다. 이를 위해 하나님 앞에서 자기 영혼을 살피고 원수를 하나님께 맡기며, 그분의 절대 주권에 전적으로 복종하는 삶을 추구해야 한다.

골 3 바울은 그리스도와 함께 죽고 새사람이 된 성도의 올바른 생활 원리를 제시한다. 그리스도께서 우리를 용서하신 것처럼 피차 용서하는 삶을 통해 하나님의 형상을 이루어야 한다. 구체적 사례로 남편과 아내, 부모와 자녀, 주인과 종의 바른 생활 규범을 보여 주고 있다.

더 깊은 묵상

예수님의 대속으로 우리는 구원함을 받았습니다. 그러면 구원함을 받은 우리는 어떻게 살아야 할까요? 레위기 5장과 시편 3-4편에서는 죄를 범하지 말고 의의 제사를 드리며 여호와를 의지하라고 말씀합니다. 잠언에서는 죄에서 떠나 거룩하게 성별 된 삶을 살아야 한다고 말씀합니다. 골로새서에서는 보다 자세하게 옛사람과 그 행위를 벗어버리고 새 사람을 입는 삶을 살라고 말씀하십니다. 이것이 바로 구원함을 받은 자의 삶입니다.

기도와 적용

말씀기도

❶ 하나님 앞에 거룩하고 성별된 삶을 살 수 있도록 도와주소서.
❷ 날마다 십자가를 지고 주를 따라가는 삶을 살 수 있도록 도와주소서.
❸ 예수 그리스도 안에서 모든 죄 사함의 은총을 받아 누리는 삶이 되게 하소서.

나의 적용

오늘의 감사

믿음으로 감사

소망으로 감사

사랑으로 감사

말씀암송

골 3:14 이 모든 것 위에 [ ][ ]을 더하라 이는 온전하게 매는 [ ]니라

말씀배경 지식

속건제 (레 5:15)
하나님의 성물이나 하나님의 영광을 훼손했을 때 또는 이웃의 재산에 피해를 끼쳤을 때 드리는 제사이다. 하나님께 희생 제물로 숫양을 드리되 이웃에 대해서는 피해액에 5분의 1을 추가하여 지불했다.

93 일차 365

꺼지지 않아야 할 것

4월 3일

레위기 6장 | 시편 5-6편 | 잠언 21장 | 골로새서 4장

말씀 연결 불과 경외 (레 6, 시 5-6)

레위기 6장 | 제단의 불

6:10 제사장은 세마포 긴 옷을 입고 세마포 속바지로 하체를 가리고 제단 위에
서 불태운 번제의 재를 가져다가 제단 곁에 두고

6:12 제단 위의 불은 항상 피워 꺼지지 않게 할지니 제사장은 아침마다 나무를
그 위에서 태우고 번제물을 그 위에 벌여 놓고 화목제의 기름을 그 위에서 불사
르지며

6:15 그 소제의 고운 가루 한 움큼과 기름과 소제물 위의 유향을 다 가져다가 기
념물로 제단 위에서 불살라 여호와 앞에 향기로운 냄새가 되게 하고

6:20 아론과 그의 자손이 기름 부음을 받는 날에 여호와께 드릴 예물은 이러하
니라 고운 가루 십분의 일 에바를 항상 드리는 소제물로 삼아 그 절반은 아침에,
절반은 저녁에 드리되

6:26 죄를 위하여 제사 드리는 제사장이 그것을 먹되 곧 회막 뜰 거룩한 곳에서
먹을 것이며

시편 5-6편 | 예배와 기도를 통한 여호와를 경외함

5:3 여호와여 아침에 주께서 나의 소리를 들으시리니 아침에 내가 주께 기도하고
바라리이다

5:4 주는 죄악을 기뻐하는 신이 아니시니 악이 주와 함께 머물지 못하며

5:9 그들의 입에 신실함이 없고 그들의 심중이 심히 악하며 그들의 목구멍은 열린
무덤 같고 그들의 혀로는 아첨하나이다

5:10 하나님이여 그들을 정죄하사 자기 꾀에 빠지게 하시고 그 많은 허물로 말미
암아 그들을 쫓아내소서 그들이 주를 배역함이니이다

6:1 여호와여 주의 분노로 나를 책망하지 마시오며 주의 진노로 나를 징계하지 마
옵소서

6:3 나의 영혼도 매우 떨리나이다 여호와여 어느 때까지니이까

오늘의 찬양
찬송가 424장 | 아버지여 나의 맘을

맥체인성경365
551p

말씀 연결 부지런한 기도 (잠 21, 골 4)

잠언 21장 | 부지런함

21:1 왕의 마음이 여호와의 손에 있음이 마치 봇물과 같아서 그가 임의로 인도하시느니라

21:6 속이는 말로 재물을 모으는 것은 죽음을 구하는 것이라 곧 불려다니는 안개니라

21:9 다투는 여인과 함께 큰 집에서 사는 것보다 움막에서 사는 것이 나으니라

21:13 귀를 막고 가난한 자가 부르짖는 소리를 듣지 아니하면 자기가 부르짖을 때에도 들을 자가 없으리라

21:18 악인은 의인의 속전이 되고 사악한 자는 정직한 자의 대신이 되느니라

21:20 지혜 있는 자의 집에는 귀한 보배와 기름이 있으나 미련한 자는 이것을 다 삼켜 버리느니라

21:22 지혜로운 자는 용사의 성에 올라가서 그 성이 의지하는 방벽을 허느니라

21:31 싸울 날을 위하여 마병을 예비하거니와 이김은 여호와께 있느니라

골로새서 4장 | 기도

4:3 또한 우리를 위하여 기도하되 하나님이 전도할 문을 우리에게 열어 주사 그리스도의 비밀을 말하게 하시기를 구하라 내가 이 일 때문에 매임을 당하였노라

4:5 외인에게 대해서는 지혜로 행하여 세월을 아끼라

4:14 사랑을 받는 의사 누가와 또 데마가 너희에게 문안하느니라

4:15 라오디게아에 있는 형제들과 눔바와 그 여자의 집에 있는 교회에 문안하고

4:17 아킵보에게 이르기를 주 안에서 받은 직분을 삼가 이루라고 하라

묵상 가이드

레 6 속건제의 세부 규례들이 계속되고 있다. 그리고 번제, 소제, 속건제의 세부 지침들이 소개된다. 주목할 만한 것은 이 규례들이 제사장들의 정결 문제, 드려진 제물의 올바른 처리법 등 하나같이 제사장과 관련되어 있다는 점이다. 하나님 앞에서 제사장의 위치가 얼마나 중요한지를 보여주는 대목이다.

시 5-6 5편에서 시인은 악인들에게 둘러싸여 있는 상황에서 하나님의 보호와 악인들에 대한 준엄한 징벌을 요청하면서 하나님을 경외하는 자가 누리는 행복을 노래한다. 그리고 6편에서는 회개에 초점이 맞춰진 참회의 시이다. 시인은 고통과 탄식거리를 내리신 하나님께 긍휼과 자비를 호소하며, 하나님의 인자하심과 응답에 대한 확신을 가지고 고통 중에 하나님을 바라본다.

잠 21 하나님의 감찰하시는 성품에 대해 가르치시면서 내면의 아름다움을 추구하도록 권면하고, 이렇게 살아가는 자가 누릴 복에 대해서도 상기시킨다.

골 4 먼저 바울은 개인 신앙과 관련하여 기도에 힘쓸 것을 당부하고 불신 세상에서 특별히 유념해야 할 언행에 대해 교훈한다. 마지막으로 서신을 전달할 두기고와 오네시모를 소개하고 여러 동역자들의 안부를 전한 뒤 피차 뜨거운 사랑의 교제를 나누도록 간절히 당부하면서 서신을 마감한다.

더 깊은 묵상

오늘 말씀에서는 죄와 기도에 대해 깨어 있어야 할 것을 말씀하고 있습니다. 성도의 기도는 꺼지지 않는 불이어야 합니다. 아침마다 쉬지 말고 기도해야 합니다. 하지만 사람에게 죄를 범했으면 합당한 회개와 용서를 구한 후에 하나님 앞에 나가야 합니다. 삶의 열매가 없는 믿음, 진정성이 없는 거짓 회개와 그런 사람들이 드리는 제사나 기도는 하나님께서 받지 않으십니다.

기도와 적용

말씀기도

❶ 하나님 앞에서 꺼뜨리지 말아야 할 불은 예배와 기도, 부지런한 삶임을 깨닫게 하소서.
❷ 하나님 보시기에 정직하지 못한 것이 있다면 깨닫고 돌이키게 하소서.
❸ 입을 열어 그리스도의 비밀을 말하게 하시고, 삶의 증거로 그리스도의 사랑이 전파되게 하소서.

나의 적용

오늘의 감사

믿음으로 감사

소망으로 감사

사랑으로 감사

말씀암송

시 6:1 여호와여 주의 ☐☐로 나를 책망하지 마시오며 주의 ☐☐로 나를 징계하지 마옵소서

말씀배경 지식

제단 위의 불은 항상 피워 꺼지지 않게 할지니 (레 6:12)

희생제물을 드리는 일을 결코 중단하지 말라는 명령이다. 한편으로 번제단의 최초 불은 제사장 취임식 때 하늘에서 떨어졌으며, 그 후 상번제를 통해 지속되었고, 광야 이동 시에는 불 담는 그릇에 불씨를 넣어 보관하였다.

절망 속에서 할 수 있는 것

모든 것이 무너져 내린
환경 속에서도
꼼짝할 수 없는
질병 속에서도
할 수 있는 것
하나 있으니

주님께
기도하는 것.

모든 것을 포기하고픈
낙망 속에서도
아무것도 보이지 않는
절망 속에서도
할 수 있는 것
하나 있으니

바로
주님께
기도하는 것.

사랑은 영원한 느낌표 / 선교횃불

94 일차 365

4월 4일

하나님을 향한 믿음의 삶

레위기 7장 | 시편 7-8편 | 잠언 22장 | 데살로니가전서 1장

말씀 연결 거룩과 영화 (레 7, 시 7-8)

레위기 7장 | 거룩을 이루는 제사

7:14 그 전체의 예물 중에서 하나씩 여호와께 거제로 드리고 그것을 화목제의 피를 뿌린 제사장들에게로 돌릴지니라

7:15 감사함으로 드리는 화목제물의 고기는 드리는 그 날에 먹을 것이요 조금이라도 이튿날 아침까지 두지 말 것이니라

7:16 그러나 그의 예물의 제물이 서원이나 자원하는 것이면 그 제물을 드린 날에 먹을 것이요 그 남은 것은 이튿날에도 먹되

7:18 만일 그 화목제물의 고기를 셋째 날에 조금이라도 먹으면 그 제사는 기쁘게 받아들여지지 않을 것이라 드린 자에게도 예물답게 되지 못하고 도리어 가증한 것이 될 것이며 그것을 먹는 자는 그 죄를 짊어지리라

7:20 만일 몸이 부정한 자가 여호와께 속한 화목제물의 고기를 먹으면 그 사람은 자기 백성 중에서 끊어질 것이요

7:33 아론의 자손 중에서 화목제물의 피와 기름을 드리는 자는 그 오른쪽 뒷다리를 자기의 소득으로 삼을 것이니라

시편 7-8편 | 영화와 존귀함을 입은 성도

7:6 여호와여 진노로 일어나사 내 대적들의 노를 막으시며 나를 위하여 깨소서 주께서 심판을 명령하셨나이다

7:7 민족들의 모임이 주를 두르게 하시고 그 위 높은 자리에 돌아오소서

7:11 하나님은 의로우신 재판장이심이여 매일 분노하시는 하나님이시로다

8:1 여호와 우리 주여 주의 이름이 온 땅에 어찌 그리 아름다운지요 주의 영광이 하늘을 덮었나이다

8:3 주의 손가락으로 만드신 주의 하늘과 주께서 베풀어 두신 달과 별들을 내가 보오니

8:4 사람이 무엇이기에 주께서 그를 생각하시며 인자가 무엇이기에 주께서 그를 돌보시나이까

8:5 그를 하나님보다 조금 못하게 하시고 영화와 존귀로 관을 씌우셨나이다

오늘의 찬양
찬송가 425장 | 주님의 뜻을 이루소서

맥체인성경365
556p

말씀 연결 생명의 삶과 믿음의 소문 (잠 22, 살전 1)

잠언 22장 | 재물과 영광과 생명의 삶

22:23 대저 여호와께서 신원하여 주시고 또 그를 노략하는 자의 생명을 빼앗으
시리라

22:28 네 선조가 세운 옛 지계석을 옮기지 말지니라

22:29 네가 자기의 일에 능숙한 사람을 보았느냐 이러한 사람은 왕 앞에 설 것이
요 천한 자 앞에 서지 아니하리라

데살로니가전서 1장 | 하나님을 향하는 믿음의 소문

1:1 바울과 실루아노와 디모데는 하나님 아버지와 주 예수 그리스도 안에 있는 데
살로니가인의 교회에 편지하노니 은혜와 평강이 너희에게 있을지어다

1:6 또 너희는 많은 환난 가운데서 성령의 기쁨으로 말씀을 받아 우리와 주를 본받
은 자가 되었으니

1:7 그러므로 너희가 마게도냐와 아가야에 있는 모든 믿는 자의 본이 되었느니라

1:8 주의 말씀이 너희에게로부터 마게도냐와 아가야에만 들릴 뿐 아니라 하나님을
향하는 너희 믿음의 소문이 각처에 퍼졌으므로 우리는 아무 말도 할 것이 없노라

1:9 그들이 우리에 대하여 스스로 말하기를 우리가 어떻게 너희 가운데에 들어갔
는지와 너희가 어떻게 우상을 버리고 하나님께로 돌아와서 살아 계시고 참되신 하
나님을 섬기는지와

묵상 가이드

레 7 화목제물은 모든 사람이 함께 공동 식사함으로써 절정에 이르게 되는 데, 중요한 것은 이것 역시 부정한 자는 참여하지 못하도록 금지되었다는 점이다.

시 7-8 7편은 다윗이 사울의 추격을 피해 도피 생활하던 때를 배경으로 한 시이다. 시인은 자신의 무죄를 주장하며 만민을 심판하시는 하나님의 공의에 호소한다.

잠 22 하나님의 자녀들이 마땅히 지켜야 할 경건 생활과 그리고 마땅히 버려야 할 불의한 생활을 교훈하면서 주의 백성을 향해 지혜자의 가르침에 귀 기울이도록 당부한다.

살전 1 이 책은 신앙 연륜이 짧고 심한 박해 중에 있는 데살로니가 교회에 보낸 바울의 서신이다. 바울은 먼저 데살로니가 교인을 향해 문안 인사와 감사의 말을 전하고, 박해 중에도 인내와 믿음으로 좋은 평을 듣는 데살로니가 교인들을 칭찬한다.

더 깊은 묵상

하나님을 향한 믿음의 삶에 대한 표현이 조금씩 다르지만, 그 방향은 모두 하나님을 향해 있습니다. 레위기에서 짐승의 고기를 먹을 때 피를 먹지 말라는 말씀이 반복적으로 등장하는데, 이것은 짐승들의 생명이 피에 있으므로 생명을 소중하게 여기라는 의미가 있습니다. 우리가 바라보는 하나님께서 사랑의 시선으로 약자들을 바라보신다면 우리도 하나님의 마음을 품고 약자들을 사랑으로 바라보아야 할 것입니다. 성도는 생각과 언어와 행동을 통해 하나님의 거룩함을 이루어가야 합니다.

기도와 적용

말씀기도

❶ 삶의 시선이 세상을 향해서가 아니라 주님을 향해 있게 하소서.
❷ 믿음의 역사와 사랑의 수고와 예수 그리스도에 대한 소망과 인내가 있는 삶을 살아가게 하소서.
❸ 늘 약자를 향한 배려와 겸손이 삶에 배어나게 하소서.

나의 적용

오늘의 감사

믿음으로 감사

소망으로 감사

사랑으로 감사

말씀암송

시 8:1 여호와 우리 주여 주의 ☐☐이 온 ☐에 어찌 그리 아름다운지요 주의 ☐☐이 ☐☐을 덮었나이다

말씀배경 지식

구약의 4대 제사 방법

첫째, 화제로서 불에 태워서 드리는 제사이며 번제, 소제, 화목제, 속죄제, 속건제 등이다. 둘째, 거제는 위로 높이 들어서 드리는 제사이다. 곧 화목제물의 우편 뒷다리, 처음 익은 소산물, 십일조 등이다. 셋째, 요제는 앞뒤로 흔들어 드리는 제사인데, 화목제물의 가슴, 처음 익은 땅의 소산물 등이다. 넷째, 전제는 쏟아 부어서 드리는 제사 곧 포도주와 독주를 드렸다.

95 일차 365

하나님을 기쁘시게 함

4월 5일

레위기 8장 | 시현 9편 | 잠언 23장 | 살전 2장

말씀 연결 준행과 전함 (레 8, 시 9)

레위기 8장 | 명령하신 일을 준행함

8:8 흉패를 붙이고 흉패에 우림과 둠밈을 넣고

8:10 모세가 관유를 가져다가 성막과 그 안에 있는 모든 것에 발라 거룩하게 하고

8:13 모세가 또 아론의 아들들을 데려다가 그들에게 속옷을 입히고 띠를 띠우며 관을 씌웠으니 여호와께서 모세에게 명령하신 것과 같았더라

8:29 이에 모세가 그 가슴을 가져다가 여호와 앞에 흔들어 요제를 삼았으니 이는 위임식에서 잡은 숫양 중 모세의 몫이라 여호와께서 모세에게 명령하심과 같았더라

8:33 위임식은 이레 동안 행하나니 위임식이 끝나는 날까지 이레 동안은 회막 문에 나가지 말라

시편 9편 | 주의 모든 일을 전함

9:4 주께서 나의 의와 송사를 변호하셨으며 보좌에 앉으사 의롭게 심판하셨나이다

9:11 너희는 시온에 계신 여호와를 찬송하며 그의 행사를 백성 중에 선포할지어다

9:13 여호와여 내게 은혜를 베푸소서 나를 사망의 문에서 일으키시는 주여 나를 미워하는 자에게서 받는 나의 고통을 보소서

9:14 그리하시면 내가 주의 찬송을 다 전할 것이요 딸 시온의 문에서 주의 구원을 기뻐하리이다

9:18 궁핍한 자가 항상 잊어버림을 당하지 아니함이여 가난한 자들이 영원히 실망하지 아니하리로다

오늘의 찬양
찬송가 426장 | 이 죄인을 완전케 하시옵고

맥체인성경365
560p

말씀 연결 지혜를 버림과 기쁘시게 함 (잠 23, 살전 2)

잠언 23장 | 사사로운 지혜를 버림

23:2 네가 만일 음식을 탐하는 자이거든 네 목에 칼을 둘 것이니라

23:5 네가 어찌 허무한 것에 주목하겠느냐 정녕히 재물은 스스로 날개를 내어
하늘을 나는 독수리처럼 날아가리라

23:11 대저 그들의 구속자는 강하시니 그가 너를 대적하여 그들의 원한을 풀어
주시리라

23:12 훈계에 착심하며 지식의 말씀에 귀를 기울이라

23:27 대저 음녀는 깊은 구덩이요 이방 여인은 좁은 함정이라

23:28 참으로 그는 강도 같이 매복하며 사람들 중에 사악한 자가 많아지게 하느
니라

23:29 재앙이 뉘게 있느뇨 근심이 뉘게 있느뇨 분쟁이 뉘게 있느뇨 원망이 뉘게
있느뇨 까닭 없는 상처가 뉘게 있느뇨 붉은 눈이 뉘게 있느뇨

23:32 그것이 마침내 뱀 같이 물 것이요 독사 같이 쏠 것이며

23:33 또 네 눈에는 괴이한 것이 보일 것이요 네 마음은 구부러진 말을 할 것이
며

데살로니가전서 2장 | 하나님을 기쁘시게 함

2:2 너희가 아는 바와 같이 우리가 먼저 빌립보에서 고난과 능욕을 당하였으나 우
리 하나님을 힘입어 많은 싸움 중에 하나님의 복음을 너희에게 전하였노라

2:9 형제들아 우리의 수고와 애쓴 것을 너희가 기억하리니 너희 아무에게도 폐를
끼치지 아니하려고 밤낮으로 일하면서 너희에게 하나님의 복음을 전하였노라

2:15 유대인은 주 예수와 선지자들을 죽이고 우리를 쫓아내고 하나님을 기쁘시게
하지 아니하고 모든 사람에게 대적이 되어

2:16 우리가 이방인에게 말하여 구원받게 함을 그들이 금하여 자기 죄를 항상 채
우매 노하심이 끝까지 그들에게 임하였느니라

2:18 그러므로 나 바울은 한번 두번 너희에게 가고자 하였으나 사탄이 우리를 막
았도다

묵상 가이드

레 8 1주간 동안 계속되는 제세장 위임식을 순서대로 소개한다. 이렇게 복잡하고 까다로운 절차들은 이미 사라져버린 구약 시대의 산물로 폐기된 것이 아니라 왕 같은 제사장인 주의 백성들이 하나님 앞에서 어떤 자세로 살아야 할지 생생한 교훈으로 오늘까지 주어지고 있다.

시 9 다윗의 암몬 족속 정복을 배경으로 한 시로서 악인을 심판하시는 하나님을 노래한다.

잠 23 지혜로운 자가 삼가야 할 일들을 다양하게 열거하며 교훈한다. 특별히 신분이 높아지려거나 부자가 되려는 자에 대한 경고와 함께 술, 음란을 금하고 하나님을 경외하며 부모를 공경하라는 교훈이 소개된다.

살전 2 바울은 자신이 데살로니가에서 복음을 전할 때의 순수한 열정을 회상한다. 그리고 당시에 복음 사역을 훼방했고 여전히 계속되는 유대인들의 악행을 지적하면서 데살로니가 교인을 향한 자신의 사랑을 변하지 않을 것을 고백한다.

더 깊은 묵상

레위기에서 모세에게 명령하신 모든 것을 준행하여 지키는 제사장들의 모습을 볼 수 있습니다. 이는 하나님께서 말씀에 순종하는 삶을 더 기뻐하시기 때문입니다. 하나님을 기쁘시게 하는 삶을 살아간다는 것은 나의 사사로운 지혜를 버리고 하나님의 뜻을 따르는 것입니다. 우리의 기준이 사람을 기쁘게 하려는 것인지, 우리 마음을 감찰하시는 하나님을 기쁘시게 하려는 것인지 스스로 살펴보아야 합니다. 말씀에 순종하며 복음을 전하는 것은 하나님이 기뻐하시는 삶입니다.

기도와 적용

말씀기도

❶ 하나님께서 명령하신 모든 것을 준행하며 지키는 삶을 살게 하소서.
❷ 세상의 유혹과 핍박을 이겨낼 믿음과 용기를 주소서.
❸ 하나님께서 하신 일을 전하고 선포하는 자로 살아가게 도와주소서.

나의 적용

오늘의 감사

믿음으로 감사

소망으로 감사

사랑으로 감사

말씀암송

잠 23:11 대저 그들의 ☐☐☐는 강하시니 그가 너를 대적하여 그들의 ☐☐을 풀어 주시리라

말씀배경 지식

위임식 (레 8:33)
'제사장 위임식'은 원어 '밀루임'에서 '가득 채우다'라는 뜻의 '말루'에서 파생된 말이다.

96 일차 365

4월 6일

하나님 앞에서 거룩하고 흠이 없음

레위기 9장 | 시편 10편 | 잠언 24장 | 데살로니가전서 3장

말씀 연결 제사와 자아상 (레 9, 시 10)

레위기 9장 | 온전한 제사를 드림

9:3 이스라엘 자손에게 말하여 이르기를 너희는 속죄제를 위하여 숫염소를 가져오고 또 번제를 위하여 일 년 되고 흠 없는 송아지와 어린 양을 가져오고

9:4 또 화목제를 위하여 여호와 앞에 드릴 수소와 숫양을 가져오고 또 기름 섞은 소제물을 가져오라 하라 오늘 여호와께서 너희에게 나타나실 것임이니라 하매

9:5 그들이 모세가 명령한 모든 것을 회막 앞으로 가져오고 온 회중이 나아와 여호와 앞에 선지라

9:12 아론이 또 번제물을 잡으매 아론의 아들들이 그 피를 그에게로 가져오니 그가 그 피를 제단 사방에 뿌리고

9:17 또 소제를 드리되 그 중에서 그의 손에 한 움큼을 채워서 아침 번제물에 더하여 제단 위에서 불사르고

9:21 가슴들과 오른쪽 뒷다리를 그가 여호와 앞에 요제로 흔드니 모세가 명령한 것과 같았더라

9:24 불이 여호와 앞에서 나와 제단 위의 번제물과 기름을 사른지라 온 백성이 이를 보고 소리 지르며 엎드렸더라

시편 10편 | 하나님 앞에선 시인의 자아상

10:3 악인은 그의 마음의 욕심을 자랑하며 탐욕을 부리는 자는 여호와를 배반하여 멸시하나이다

10:4 악인은 그의 교만한 얼굴로 말하기를 여호와께서 이를 감찰하지 아니하신다 하며 그의 모든 사상에 하나님이 없다 하나이다

10:11 그가 그의 마음에 이르기를 하나님이 잊으셨고 그의 얼굴을 가리셨으니 영원히 보지 아니하시리라 하나이다

10:12 여호와여 일어나옵소서 하나님이여 손을 드옵소서 가난한 자들을 잊지 마옵소서

10:17 여호와여 주는 겸손한 자의 소원을 들으셨사오니 그들의 마음을 준비하시며 귀를 기울여 들으시고

오늘의 찬양
찬송가 25장 | 면류관 벗어서

맥체인성경365
565p

말씀 연결 일어나는 삶과 섬 (잠 24, 살전 3)

잠언 24장 | 다시 일어나는 삶

24:2 그들의 마음은 강포를 품고 그들의 입술은 재앙을 말함이니라

24:11 너는 사망으로 끌려가는 자를 건져 주며 살륙을 당하게 된 자를 구원하지
아니하려고 하지 말라

24:12 네가 말하기를 나는 그것을 알지 못하였노라 할지라도 마음을 저울질 하
시는 이가 어찌 통찰하지 못하시겠으며 네 영혼을 지키시는 이가 어찌 알지 못하
시겠느냐 그가 각 사람의 행위대로 보응하시리라

24:13 내 아들아 꿀을 먹으라 이것이 좋으니라 송이꿀을 먹으라 이것이 네 입에
다니라

24:15 악한 자여 의인의 집을 엿보지 말며 그가 쉬는 처소를 헐지 말지니라

24:20 대저 행악자는 장래가 없겠고 악인의 등불은 꺼지리라

24:26 적당한 말로 대답함은 입맞춤과 같으니라

데살로니가전서 3장 | 주 안에서 굳게 섬

3:1 이러므로 우리가 참다 못하여 우리만 아덴에 머물기를 좋게 생각하고

3:5 이러므로 나도 참다 못하여 너희 믿음을 알기 위하여 그를 보내었노니 이는 혹
시험하는 자가 너희를 시험하여 우리 수고를 헛되게 할까 함이니

3:10 주야로 심히 간구함은 너희 얼굴을 보고 너희 믿음이 부족한 것을 보충하게
하려 함이라

3:13 너희 마음을 굳건하게 하시고 우리 주 예수께서 그의 모든 성도와 함께 강림
하실 때에 하나님 우리 아버지 앞에서 거룩함에 흠이 없게 하시기를 원하노라

묵상 가이드

레 9 1주간 동안 위임식을 거행하고 정식으로 제사장이 된 아론과 구 아들들은 이제 공식 업무에 들어간다. 이를 위해 아론은 먼저 자신과 제사장들을 위한 속죄제와 번제를 드리고, 이어 백성들을 위한 제사를 드린다. 직무를 수행하기에 앞서 자신이 먼저 하나님 앞에서 속죄하고 정결함을 갖는 것이 선행 조건이었다.

시 10 하나님의 공의가 불신자들에게 무시되는 안타까운 현실에 대한 호소와 침묵하시는 하나님께서 마침내 악인들을 심판하실 것이라는 강한 확신을 노래한다.

잠 24 저자는 계속해서 지혜로운 자의 올바른 삶과 경계해야 할 사안에 대해 권면한다. 전반부에는 악인의 형통을 부러워하지 말라는 권면이 나오며 후반부에는 또 다른 지혜자의 사회 정의를 위한 권면이 언급된다.

살전 3 데살로니가 교회를 재방문하려는 계획이 여의치 않자 바울은 디모데를 데살로니가로 파송하고, 데살로니가에서 돌아온 디모데에게서 반가운 보고를 듣고, 큰 기쁨으로 감사한다. 본장에서는 데살로니가 교회를 향한 바울의 사랑과 애정, 기쁨과 감사가 구구절절 담겨 있다.

더 깊은 묵상

레위기 9장에서 아론이 하나님의 모든 말씀을 준행하고 제사 드릴 때 여호와의 영광이 온 백성에게 나타나는 것을 볼 수 있습니다. 이처럼 성도는 말씀을 준행하며 하나님 앞에 거룩하고 흠이 없는 삶을 이루어가야 합니다. 이렇게 살 때 하나님의 영광이 임하십니다. 이런 의인의 삶은 주 안에 굳게 선 삶입니다. 믿음과 사랑의 기쁜 소식을 전해주는 삶입니다. 이를 위해서 하나님 앞에서 확실한 자아상을 가지며, 넘어졌을지라도 다시 일어서야 합니다.

기도와 적용

말씀기도

❶ 하나님의 거룩하심을 닮아 성결한 삶을 살 수 있도록 인도하여 주소서.
❷ 주 안에서 굳건하게 서는 삶을 살게 도와주소서.
❸ 내 안에 주님의 사랑과 평화가 가득 차고 흘러넘치게 도와주소서.

나의 적용

오늘의 감사

믿음으로 감사

소망으로 감사

사랑으로 감사

말씀암송

잠 24:13 내 아들아 [ ]을 먹으라 이것이 좋으니라 [ ][ ][ ]을 먹으라 이것이 네 입에 다니라

말씀배경 지식

7일 동안에 걸친 제사장 위임 절차를 모두 마친 아론과 아들들이 최초의 제사 명령을 받고 자신들과 백성들을 위해 각각 제사를 드린다. 말하자면 율법에 근거한 이스라엘 최초의 제사였다. 첫 번째 제사를 완료한 직후 하나님은 영광중에 나타나셨다. 이스라엘은 이제 제사 종교를 중심으로 하나님과 실제적인 교제를 나누는 은혜를 누리게 되었다.

97 일차 365

하나님의 뜻(거룩함)

4월 7일

레위기 10장 | 시편 11-12편 | 잠언 25장 | 데살로니가전서 4장

말씀 연결 거룩하시고 의로우신 하나님 (레 10, 시 11-12)

레위기 10장 | 거룩하고 속된 것을 분별함

10:6 모세가 아론과 그의 아들 엘르아살과 이다말에게 이르되 너희는 머리를 풀
거나 옷을 찢지 말라 그리하여 너희가 죽음을 면하고 여호와의 진노가 온 회중에
게 미침을 면하게 하라 오직 너희 형제 이스라엘 온 족속은 여호와께서 치신 불
로 말미암아 슬퍼할 것이니라

10:14 흔든 가슴과 들어올린 뒷다리는 너와 네 자녀가 너와 함께 정결한 곳에서
먹을지니 이는 이스라엘 자손의 화목제물 중에서 네 소득과 네 아들들의 소득으
로 주신 것임이니라

10:16 모세가 속죄제 드린 염소를 찾은즉 이미 불살랐는지라 그가 아론의 남은
아들 엘르아살과 이다말에게 노하여 이르되

시편 11-12편 | 의로우신 하나님

11:2 악인이 활을 당기고 화살을 시위에 먹임이여 마음이 바른 자를 어두운 데
서 쏘려 하는도다

12:1 여호와여 도우소서 경건한 자가 끊어지며 충실한 자들이 인생 중에 없어지
나이다

12:2 그들이 이웃에게 각기 거짓을 말함이여 아첨하는 입술과 두 마음으로 말하
는도다

12:6 여호와의 말씀은 순결함이여 흙 도가니에 일곱 번 단련한 은 같도다

오늘의 찬양
찬송가 279장 | 인애하신 구세주여

맥체인성경365
569p

말씀 연결 거룩함 (잠 25, 살전 4)

잠언 25장 | 거룩함의 길(제하는 것)

25:2 일을 숨기는 것은 하나님의 영화요 일을 살피는 것은 왕의 영화니라

25:9 너는 이웃과 다투거든 변론만 하고 남의 은밀한 일은 누설하지 말라

25:20 마음이 상한 자에게 노래하는 것은 추운 날에 옷을 벗음 같고 소다 위에
식초를 부음 같으니라

25:22 그리 하는 것은 핀 숯을 그의 머리에 놓는 것과 일반이요 여호와께서 네게
갚아 주시리라

25:26 의인이 악인 앞에 굴복하는 것은 우물이 흐려짐과 샘이 더러워짐과 같으
니라

데살로니가전서 4장 | 하나님의 뜻(거룩함)

4:6 이 일에 분수를 넘어서 형제를 해하지 말라 이는 우리가 너희에게 미리 말하고
증언한 것과 같이 이 모든 일에 주께서 신원하여 주심이라

4:13 형제들아 자는 자들에 관하여는 너희가 알지 못함을 우리가 원하지 아니하노
니 이는 소망 없는 다른 이와 같이 슬퍼하지 않게 하려 함이라

4:14 우리가 예수께서 죽으셨다가 다시 살아나심을 믿을진대 이와 같이 예수 안에
서 자는 자들도 하나님이 그와 함께 데리고 오시리라

묵상 가이드

레 10 제사장 위임식의 기쁨도 잠시뿐 제사장인 나단과 아비후는 잘못된 제사를 드려 제사 집례 도중에 여호와 앞에서 죽음을 맞게 되고 이로 인해 이스라엘은 큰 슬픔과 공포에 빠져든다. 이에 제사장들에게 금주 명령이 떨어지고, 제사장의 몫에 대한 규례에 따라 드리지 않는 예배는 결코 하나님께서 열납하지 않으시며, 자칫 진노를 자초하게 된다는 교훈을 배우게 된다.

시 11-12 11편에서는 악인에게 위협받는 위태한 인생의 탄식과 그에 대한 신앙적 답변으로 구성된 시이다. 세상을 바라보면 한없이 탄식할 수밖에 없지만 의뢰하는 자를 외면하지 않으시는 하나님을 바라볼 때 무한한 감사와 확신을 갖게 된다. 그리고 12편에서 의인의 비탄하는 시로 시인은 악이 만연할 때 오직 하나님만이 도울 수 있음을 노래한다.

잠 25 히스기야 왕의 신하들에 의해 수집된 솔로몬 왕의 잠언들이 소개된다. 전반부에는 통치자가 갖추어야 할 덕망과 함께 왕이 하나님의 대리자라는 사명감을 상기시키는 내용이 언급되고, 후반부에서는 하나님과 사람들이 갖추어야 할 덕목들이 소개된다.

살전 4 데살로니가 교회가 안고 있는 그릇된 종말관에 대해 지적하면서 올바른 재림관을 심어준다. 전반부에서 바울은 주의 재림을 기다리는 성도의 올바른 생활 자세에 대해 교훈하고, 후반부에서는 재림과 죽은 자의 부활에 관한 교리를 가르친다.

더 깊은 묵상

거룩하신 하나님은 자녀 된 성도를 세상과 구별시켜 주셨습니다. 그래서 성도는 세상에 있는 것들을 사랑하지 않고 하나님의 뜻인 거룩함을 이루어가야 합니다. 거룩함이란 어떤 것에서 다른 것을 제하는 일입니다. 하나님의 뜻인 거룩함을 이루기 위해 예배 가운데 거룩하지 못한 요소를 분별하고, 오직 주님만 바라보며 악한 것을 제하여 하나님의 자녀로서의 참된 삶을 살아야 합니다. 우리가 매일 매일 하나님의 말씀을 묵상하는 이유입니다.

기도와 적용

말씀기도

❶ 매일의 삶 속에서 더러운 것들을 비우고 버려서 깨끗하고 성결한 삶을 살 수 있도록 도와주소서.
❷ 거룩하고 속된 것을 분별할 수 있는 지혜를 주옵소서.
❸ 하나님의 말씀을 순종하고 실천하는 삶을 살도록 도와주소서.

나의 적용

오늘의 감사

믿음으로 감사

소망으로 감사

사랑으로 감사

말씀암송

시 12:6 여호와의 [ ][ ]은 순결함이여 흙 도가니에 일곱 번 단련한 [ ] 같도다

말씀배경 지식

비 없는 구름
(잠 25:14)
강수량이 매우 적은 팔레스타인에서 구름은 농부들에게 큰 소망과 기대를 준다. 하지만 구름만 보일 뿐 비가 내리지 않는 경우가 있어 실망감을 안겨주는 일도 허다하다. 따라서 비 없는 구름이란 '기대를 저버리는 사람'을 일컫는다.

98 일차/365

부정의 규정

4월 8일

레위기 11-12장 | 시편 13-14편 | 잠언 26장 | 데살로니가전서 5장

말씀 연결 부정과 어리석음 (레 11-12, 시 13-14)

레위기 11-12장 | 부정함에서 거룩함으로

11:3 모든 짐승 중 굽이 갈라져 쪽발이 되고 새김질하는 것은 너희가 먹되

11:5 사반도 새김질은 하되 굽이 갈라지지 아니하였으므로 너희에게 부정하고

11:8 너희는 이러한 고기를 먹지 말고 그 주검도 만지지 말라 이것들은 너희에게 부정하니라

11:10 물에서 움직이는 모든 것과 물에서 사는 모든 것 곧 강과 바다에 있는 것으로서 지느러미와 비늘 없는 모든 것은 너희에게 가증한 것이라

11:24 이런 것은 너희를 부정하게 하나니 누구든지 이것들의 주검을 만지면 저녁까지 부정할 것이며

11:25 그 주검을 옮기는 모든 자는 그 옷을 빨지니 저녁까지 부정하리라

11:29 땅에 기는 길짐승 중에 네게 부정한 것은 이러하니 곧 두더지와 쥐와 큰 도마뱀 종류와

11:34 먹을 만한 축축한 식물이 거기 담겼으면 부정하여질 것이요 그같은 그릇에 담긴 마실 것도 부정할 것이며

12:2 이스라엘 자손에게 말하여 이르라 여인이 임신하여 남자를 낳으면 그는 이레 동안 부정하리니 곧 월경할 때와 같이 부정할 것이며

12:5 여자를 낳으면 그는 두 이레 동안 부정하리니 월경할 때와 같을 것이며 산혈이 깨끗하게 됨은 육십육 일을 지내야 하리라

시편 13-14편 | 어리석음

13:3 여호와 내 하나님이여 나를 생각하사 응답하시고 나의 눈을 밝히소서 두렵건대 내가 사망의 잠을 잘까 하오며

13:6 내가 여호와를 찬송하리니 이는 주께서 내게 은덕을 베푸심이로다

14:4 죄악을 행하는 자는 다 무지하냐 그들이 떡 먹듯이 내 백성을 먹으면서 여호와를 부르지 아니하는도다

14:5 그러나 거기서 그들은 두려워하고 두려워하였으니 하나님이 의인의 세대에 계심이로다

오늘의 찬양
찬송가 446장 | 주 음성 외에는

맥체인성경365
573p

말씀 연결 부정한 삶 vs 거룩한 삶 (잠 26, 살전 5)

잠언 26장 | 삶의 부정한 태도

26:1 미련한 자에게는 영예가 적당하지 아니하니 마치 여름에 눈 오는 것과 추수 때에 비 오는 것 같으니라

26:2 까닭 없는 저주는 참새가 떠도는 것과 제비가 날아가는 것 같이 이루어지지 아니하느니라

26:17 길로 지나가다가 자기와 상관 없는 다툼을 간섭하는 자는 개의 귀를 잡는 자와 같으니라

26:25 그 말이 좋을지라도 믿지 말 것은 그 마음에 일곱 가지 가증한 것이 있음이니라

데살로니가전서 5장 | 부정의 태도에서 거룩한 삶으로의 전환

5:1 형제들아 때와 시기에 관하여는 너희에게 쓸 것이 없음은

5:5 너희는 다 빛의 아들이요 낮의 아들이라 우리가 밤이나 어둠에 속하지 아니하나니

5:8 우리는 낮에 속하였으니 정신을 차리고 믿음과 사랑의 호심경을 붙이고 구원의 소망의 투구를 쓰자

5:14 또 형제들아 너희를 권면하노니 게으른 자들을 권계하며 마음이 약한 자들을 격려하고 힘이 없는 자들을 붙들어 주며 모든 사람에게 오래 참으라

5:19 성령을 소멸하지 말며

5:23 평강의 하나님이 친히 너희를 온전히 거룩하게 하시고 또 너희의 온 영과 혼과 몸이 우리 주 예수 그리스도께서 강림하실 때에 흠 없게 보전되기를 원하노라

5:24 너희를 부르시는 이는 미쁘시니 그가 또한 이루시리라

5:26 거룩하게 입맞춤으로 모든 형제에게 문안하라

묵상 가이드

레 11-12 11장에서 하나님은 이스라엘 백성들이 먹을 수 있는 짐승과 먹지 말아야 할 짐승에 대한 기준을 마련해 주신다. 이 기준은 단순히 식용의 기준이 아니라 부정한 생활에서 떠나 항상 정결한 삶을 살라는 하나님의 거룩한 당부요 규례이다. 그리고 12장에서는 산혈로 몸이 더렵혀진 산모의 정결 규례이다. 이 규례는 산모의 부정한 상태에 초점이 있지 않고 , 일정 기간 산모를 격리시키면서 출산으로 소진해진 정신적, 육체적 회복을 도모하기 위한 산모 보호 차원의 성격이 더 강하였다.

시 13-14 13편에서는 역경 중에 처한 인간이 하나님께 간구함으로써 소망 중에 거하게 되는 신앙적 승리를 노래한 시이다. 그리고 14편에서는 시편 53편과 거의 유사하며, 시인은 무신론자들의 어리석음을 노래하고 있다.

잠 26 세상을 살아가는 지혜를 가르친다. 특별히 미련한 자의 특징 즉 게으름, 미움, 헐뜯음, 거짓, 다툼, 속임 등의 악한 행동을 결계하도록 권면한다.

살전 5 재림이 갑작스럽게 이루어지기 때문에 성도는 세상과 하나님 앞에서 항상 깨어 경성하는 삶을 살아야 하는데 그러한 삶이 어떤 것인지를 세세하게 권면한다. 그리고 마지막으로 종말의 때를 살아가는 성도들을 위해 뜨거운 간구와 문안 인사로 서신을 마감한다.

더 깊은 묵상

하나님께서 거룩하시니 자녀 된 우리도 거룩함을 닮아가야 합니다. 미련함과 게으름, 이웃을 속임 그리고 다툼과 남의 말하기를 좋아하는 것은 부정한 것입니다. 성도의 삶에서 부정한 것들을 제하여야 합니다. 그리고 그리스도 예수 안에서 항상 기뻐하십시오. 쉬지 말고 기도하십시오. 범사에 감사하십시오. 이것이 하나님의 뜻대로 거룩함을 이루는 삶입니다.

기도와 적용

말씀기도

❶ 주님께서 거룩하신 것처럼 저도 거룩한 삶을 살게 도와주소서.
❷ 제 입술을 지키시고, 마음과 생각의 중심을 지켜주셔서 거룩하게 변화시켜 주소서.
❸ 저를 위로의 사람, 격려의 사람으로 만들어 주소서.

나의 적용

오늘의 감사

믿음으로 감사

소망으로 감사

사랑으로 감사

말씀암송

살전 5:8 우리는 낮에 속하였으니 정신을 차리고 □□과 □□의 호심경을 붙이고 구원의 □□의 투구를 쓰자

말씀배경 지식

잠언 26장
지혜로운 자가 세상에서 경계해야 할 자들에 관해 언급하고 있다. 먼저 미련한 자를 경계해야 한다. 미련한 자의 행위는 악한 영향을 주기 때문에 그의 어리석음을 책망하고 단호히 경계해야 한다. 특히 미련한 자는 하나님을 무시하고 자기 뜻대로 행하기 때문에 그에게 영예를 주는 것은 큰 잘못이다.

99 일차 365

4월 9일

하나님 나라에 합당한 삶, 진찰(관찰하다, 살피다)

레위기 13장 | 시편 15-16편 | 잠언 27장 | 데살로니가후서 1장

말씀 연결 정함과 부정함의 진찰 (레 13, 시 15-16)

레위기 13장 | 정함과 부정함을 진단하는 규례

13:2 만일 사람이 그의 피부에 무엇이 돋거나 뾰루지가 나거나 색점이 생겨서 그의 피부에 나병 같은 것이 생기거든 그를 곧 제사장 아론에게나 그의 아들 중 한 제사장에게로 데리고 갈 것이요

13:5 이레 만에 제사장이 그를 진찰할지니 그가 보기에 그 환부가 변하지 아니하고 병색이 피부에 퍼지지 아니하였으면 제사장이 그를 또 이레 동안을 가두어 둘 것이며

13:6 이레 만에 제사장이 또 진찰할지니 그 환부가 엷어졌고 병색이 피부에 퍼지지 아니하였으면 피부병이라 제사장이 그를 정하다 할 것이요 그의 옷을 빨 것이라 그리하면 정하리라

13:10 제사장은 진찰할지니 피부에 흰 점이 돋고 털이 희어지고 거기 생살이 생겼으면

13:18 피부에 종기가 생겼다가 나았고

13:20 그는 진찰하여 피부보다 얕고 그 털이 희면 그를 부정하다 할지니 이는 종기로 된 나병의 환부임이니라

13:29 남자나 여자의 머리에나 수염에 환부가 있으면

13:39 제사장은 진찰할지니 그 피부의 색점이 부유스름하면 이는 피부에 발생한 어루러기라 그는 정하니라

시편 15-16편 | 삶의 진찰

15:1 여호와여 주의 장막에 머무를 자 누구오며 주의 성산에 사는 자 누구오니이까

15:2 정직하게 행하며 공의를 실천하며 그의 마음에 진실을 말하며

16:2 내가 여호와께 아뢰되 주는 나의 주님이시오니 주 밖에는 나의 복이 없다 하였나이다

16:4 다른 신에게 예물을 드리는 자는 괴로움이 더할 것이라 나는 그들이 드리는 피의 전제를 드리지 아니하며 내 입술로 그 이름도 부르지 아니하리로다

오늘의 찬양
찬송가 472장 | 네 병든 손 내밀라고

맥체인성경365
578p

말씀 연결 부지런과 합당한 자 (잠 27, 살후 1)

잠언 27장 | 부지런히 살핌

27:5 면책은 숨은 사랑보다 나으니라

27:14 이른 아침에 큰 소리로 자기 이웃을 축복하면 도리어 저주 같이 여기게 되
리라

27:17 철이 철을 날카롭게 하는 것 같이 사람이 그의 친구의 얼굴을 빛나게 하느
니라

데살로니가후서 1장 | 하나님 나라에 합당한 자

1:1 바울과 실루아노와 디모데는 하나님 우리 아버지와 주 예수 그리스도 안에 있
는 데살로니가인의 교회에 편지하노니

1:3 형제들아 우리가 너희를 위하여 항상 하나님께 감사할지니 이것이 당연함은
너희의 믿음이 더욱 자라고 너희가 다 각기 서로 사랑함이 풍성함이니

1:5 이는 하나님의 공의로운 심판의 표요 너희로 하여금 하나님의 나라에 합당한
자로 여김을 받게 하려 함이니 그 나라를 위하여 너희가 또한 고난을 받느니라

묵상 가이드

레 13 하나님께서는 이제 나병 식별 기준을 상세하게 지시하신다. 이 규례는 행여 부정함을 입은 자가 하나님의 거룩함을 훼손하고 거룩한 언약 공동체를 부정하게 만들까 하여 그렇게 하지 못하도록 하려는 조치였다. 죄의 오염성과 그 결과의 치명성을 놓고 볼 때 아주 작고 사소한 부정이라도 결코 용납해서는 안 된다는 교훈을 발견한다.

시 15-16 15편에는 예배하는 자의 노래로서 성소에 나아갈 자는 하나님을 사랑하고 또 이웃을 사랑해야 함을 강조한다. 그리고 16편에서는 오직 여호와 하나님만이 자신의 유일한 복이요 의지가 되심을 노래한 신앙 고백적 찬미이다.

잠 27 저자는 대인 관계에서 특별히 주요한 요소 즉 사랑과 우정에 대해 가르친다. 그중에서도 주목할 만한 것은 그릇된 행동에 대해서 우정 어린 충고를 하되 잘못된 칭찬은 경계할 것을 권면하는 부분이다.

살후 1 바울은 이전에 자상한 부성애로 데살로니가 교회를 권면하였으나 잘못된 재림관에 젖어 있던 데살로니가 교인들은 이런 바울의 권면을 이해하지 못하고 귀담아 듣지도 않았다. 그래서 바울은 엄격한 훈계조로 다시 서신을 보낸다 본장은 바울의 문안 인사와 환난 중에도 믿음을 지키는 데살로니가 교인을 향한 칭찬, 종말에 데살로니가 교인들이 받을 상급과 함께 교회를 박해하는 자들에게 임할 심판이 언급된다.

더 깊은 묵상

하나님의 나라에 합당한 삶을 사는 사람은 항상 하나님과 동행하며 코람데오의 삶을 사는 사람입니다. 아무도 보는 이 없는 곳에서도 하나님이 보고 계신다는 생각으로 살아가는 사람입니다. 그는 정직하게 행하며 공의를 실천하고 진실을 말하며, 여호와를 두려워하는 자들을 존대합니다. 그리고 세속적 욕망과 하나님의 뜻 사이에서 바른 분별력을 가지고 살아갑니다. 분별력을 잃으면 예물도 하나님이 아닌 우상에게 드려지게 됩니다. 하나님께서는 왕 같은 제사장으로 사는 삶을 칭찬하십니다.

기도와 적용

말씀기도

❶ 하나님이 보고 계신다는 것을 알고 늘 정직하고 순결하게 살게 하여 주소서.
❷ 고난이나 고통을 당할 때에 하나님의 뜻임을 알고 감사함으로 받아들이고 이겨내게 하소서.
❸ 하나님이 주시는 영적 분별력으로 하나님 나라에 합당한 자로 여김 받는 삶을 살아가도록 도와 주소서.

나의 적용

오늘의 감사

믿음으로 감사

소망으로 감사

사랑으로 감사

말씀암송

시 16:2 내가 여호와께 아뢰되 주는 나의 ☐☐이시오니 주 밖에는 나의 ☐이 없다 하였나이다

말씀배경 지식

나병 (레 13:2)
신체 부위별 나병 판별법을 보면, 첫째 증상으로, 종처에 색점이 돋는다. 그 종처가 피부보다 얇고 부위의 털이 희다. 둘째 증상으로, 화상 부위가 붉고 색점이 우묵하고 부위의 털이 희다. 셋째 증상으로, 모발에 환부가 생기고, 환부가 우묵하고 털이 누렀다. 넷째 증상으로, 피부에 흰점이 발생하면 나병이 아닌 어루러기이다. 넷째 증상으로, 대머리에 색점이 생긴다. 그것은 나병으로 간주 한다.

100 일차 / 365

4월 10일

정결함

레위기 14장 | 시편 17편 | 잠언 28장 | 데살로니가후서 2장

말씀 연결 정결과 흠 없는 삶 (레 14, 시 17)

레위기 14장 | 정결함을 이루는 법

14:4 제사장은 그 정결함을 받을 자를 위하여 명령하여 살아 있는 정결한 새 두 마리와 백향목과 홍색 실과 우슬초를 가져오게 하고

14:5 제사장은 또 명령하여 그 새 하나는 흐르는 물 위 질그릇 안에서 잡게 하고

14:10 여덟째 날에 그는 흠 없는 어린 숫양 두 마리와 일 년 된 흠 없는 어린 암양 한 마리와 또 고운 가루 십분의 삼 에바에 기름 섞은 소제물과 기름 한 록을 취할 것이요

14:12 어린 숫양 한 마리를 가져다가 기름 한 록과 아울러 속건제로 드리되 여호와 앞에 흔들어 요제를 삼고

14:23 여덟째 날에 그 결례를 위하여 그것들을 회막 문 여호와 앞 제사장에게로 가져갈 것이요

14:29 또 그 손에 남은 기름은 제사장이 그 정결함을 받는 자의 머리에 발라 여호와 앞에서 그를 위하여 속죄할 것이며

14:32 나병 환자로서 그 정결예식에 그의 힘이 미치지 못한 자의 규례가 그러하니라

14:34 내가 네게 기업으로 주는 가나안 땅에 너희가 이를 때에 너희 기업의 땅에서 어떤 집에 나병 색점을 발생하게 하거든

14:38 제사장은 그 집 문으로 나와 그 집을 이레 동안 폐쇄하였다가

14:46 그 집을 폐쇄한 날 동안에 들어가는 자는 저녁까지 부정할 것이요

시편 17편 | 흠 없는 삶

17:2 주께서 나를 판단하시며 주의 눈으로 공평함을 살피소서

17:8 나를 눈동자 같이 지키시고 주의 날개 그늘 아래에 감추사

17:10 그들의 마음은 기름에 잠겼으며 그들의 입은 교만하게 말하나이다

17:15 나는 의로운 중에 주의 얼굴을 뵈오리니 깰 때에 주의 형상으로 만족하리이다

오늘의 찬양

찬송가 423장 | 먹보다도 더 검은

맥체인성경365

583p

말씀 연결 자복과 거룩 (잠 28, 살후 2)

잠언 28장 | 죄를 자복함

28:2 나라는 죄가 있으면 주관자가 많아져도 명철과 지식 있는 사람으로 말미암
아 장구하게 되느니라

28:3 가난한 자를 학대하는 가난한 자는 곡식을 남기지 아니하는 폭우 같으니라

28:8 중한 변리로 자기 재산을 늘리는 것은 가난한 사람을 불쌍히 여기는 자를
위해 그 재산을 저축하는 것이니라

28:12 의인이 득의하면 큰 영화가 있고 악인이 일어나면 사람이 숨느니라

28:16 무지한 치리자는 포학을 크게 행하거니와 탐욕을 미워하는 자는 장수하
리라

28:21 사람의 낯을 보아 주는 것이 좋지 못하고 한 조각 떡으로 말미암아 사람이
범법하는 것도 그러하니라

28:26 자기의 마음을 믿는 자는 미련한 자요 지혜롭게 행하는 자는 구원을 얻을
자니라

데살로니가후서 2장 | 하나님의 택하심으로 거룩하게 하심

2:4 그는 대적하는 자라 신이라고 불리는 모든 것과 숭배함을 받는 것에 대항하여
그 위에 자기를 높이고 하나님의 성전에 앉아 자기를 하나님이라고 내세우느니라

2:7 불법의 비밀이 이미 활동하였으나 지금은 그것을 막는 자가 있어 그 중에서 옮
겨질 때까지 하리라

2:8 그 때에 불법한 자가 나타나리니 주 예수께서 그 입의 기운으로 그를 죽이시고
강림하여 나타나심으로 폐하시리라

2:15 그러므로 형제들아 굳건하게 서서 말로나 우리의 편지로 가르침을 받은 전통
을 지키라

묵상 가이드

레 14 나병에서 회복된 자는 반드시 제사장의 집례하에 정결례를 치려야 했다. 제사장이 1차로 진영 밖에 나가서 그리고 2차로 안의 성막에서 정결례를 행한 뒤에 비로소 나병환자는 정결함을 인정받을 수 있었다. 철저하고 까다로운 이 나병 정결 규례를 통해 죄악은 모양이라도 철저히 배격하시는 하나님의 준엄하신 성품을 발견하게 된다.

시 17 대적들의 도전에 맞서 있던 시인이 그들로부터 벗어나고자 하나님께 간구하는 시이다.

잠 28 본 장은 통치자의 책임을 강조하면서 동시에 의인과 악인의 대조적인 삶을 반의대구법 형식으로 비교하고 의로운 삶으로 초대하는 형식으로 이루어져 있다.

살후 2 이제 바울은 데살로니가후서의 주제로 들어가 주의 재림 전에 나타날 징조들을 알려준다. 재림 전에는 적그리스도가 나타나지만 결국에는 이들이 최후의 심판을 맞게 될 것을 상기시킨다. 계속해서 바울은 성도들이 주의 재림을 대망하며 교회를 보존하기 위해 건전한 신앙을 유지하고 믿음 가운데 굳건하게 서도록 권면한다.

더 깊은 묵상

하나님께서는 자기 백성의 흠 없는 삶을 원하십니다. 하나님께서 거룩하시니 우리도 거룩하기를 바라시는 것입니다. 하나님의 자녀 된 우리가 흠 없는 삶을 살아서가 아니라, 때때로 죄를 범하고 허물이 있을지라도 하나님 앞에 죄를 자복하고 삶의 방향을 하나님께 향하고 있으면 우리를 흠 없는 자로 여겨주십니다. 우리가 형통한 삶을 원한다면 숨은 죄를 자복해야 합니다. 하나님이 불쌍히 여기시며 모든 죄를 사해 주십니다. 특히 공동체의 정결을 이루어야 합니다.

기도와 적용

말씀기도

❶ 죄 없고 흠 없는 삶을 살기를 소망하게 하소서.
❷ 죄를 범했을 때 하나님 앞에 자복하는 제가 될 수 있도록 도와주소서.
❸ 삶의 방향이 항상 하나님을 향하도록 도와주소서.

나의 적용

오늘의 감사

믿음으로 감사

소망으로 감사

사랑으로 감사

말씀암송

잠 28:26 자기의 ☐☐을 믿는 자는 미련한 자요 지혜롭게 행하는 자는 ☐☐을 얻을 자니라

말씀배경 지식

나병자가 그 병이 나았음을 확인하는 절차를 밟기 위해서는 다음과 같은 상징물로 정결의 규례를 치러야 한다. 첫째 상징물로서 정결한 새 두 마리 중 한 마리는 죽이고 한 마리는 들판으로 날려 보낸다. 죽임당한 새는 나병자의 부정함을 대속하기 위한 희생제물의 의미이고, 들판으로 날려 보내진 새는 나병자가 병과 부정함에서 해방되어 자유롭게 된 것을 상징한다. 둘째 상징물로서 백향목은 죽음을 극복한 생명의 능력을 상징한다. 셋째 상징물인 홍색실은 회복된 혈색 혹은 활기찬 생명의 신선함을 상징한다. 넷째 상징물은 우슬초로서 나병자가 병의 악취로부터 고침 받았음을 상징한다.

사랑

세상에는 12개의 강한 것이 있다. 먼저 '돌'이다. 그러나 돌은 '쇠'에 의해 깎인다. 쇠는 '불'에 의해 녹는다. 불은 '물'로 꺼진다. 물은 '구름'에 흡수된다. 구름은 '바람'에 날아간다. 그런데 바람은 '인간'을 날려버릴 수 없다. 그런 인간도 '공포' 앞에서는 일그러져 버린다. 공포는 '술'로 제거된다. 술은 '잠'에 의해 깬다. 그 잠은 '죽음'만큼 강하지 못하다. 그러나 이 죽음도 '사랑'은 이길 수 없다.

탈무드 / 선교횃불

101 일차 365

4월 11일

부정의 처리

레위기 15장 | 시편 18편 | 잠언 29장 | 데살로니가후서 3장

말씀 연결 부정과 죄악 (레 15,시 18)

레위기 15장 | 부정에서 떠남

15:5 그의 침상에 접촉하는 자는 그의 옷을 빨고 물로 몸을 씻을 것이며 저녁까지 부정하리라

15:6 유출병이 있는 자가 앉았던 자리에 앉는 자는 그의 옷을 빨고 물로 씻을 것이요 저녁까지 부정하리라

15:13 유출병이 있는 자는 그의 유출이 깨끗해지거든 그가 정결하게 되기 위하여 이레를 센 후에 옷을 빨고 흐르는 물에 그의 몸을 씻을 것이라 그러면 그가 정하리니

15:14 여덟째 날에 산비둘기 두 마리나 집비둘기 새끼 두 마리를 자기를 위하여 가져다가 회막 문 여호와 앞으로 가서 제사장에게 줄 것이요

15:30 제사장은 그 한 마리는 속죄제로, 다른 한 마리는 번제로 드려 유출로 부정한 여인을 위하여 여호와 앞에서 속죄할지니라

시편 18편 | 죄악에서 자신을 지킴

18:1 나의 힘이신 여호와여 내가 주를 사랑하나이다

18:4 사망의 줄이 나를 얽고 불의의 창수가 나를 두렵게 하였으며

18:7 이에 땅이 진동하고 산들의 터도 요동하였으니 그의 진노로 말미암음이로다

18:15 이럴 때에 여호와의 꾸지람과 콧김으로 말미암아 물 밑이 드러나고 세상의 터가 나타났도다

18:19 나를 넓은 곳으로 인도하시고 나를 기뻐하시므로 나를 구원하셨도다

18:23 또한 나는 그의 앞에 완전하여 나의 죄악에서 스스로 자신을 지켰나니

18:29 내가 주를 의뢰하고 적군을 향해 달리며 내 하나님을 의지하고 담을 뛰어넘나이다

18:33 나의 발을 암사슴 발 같게 하시며 나를 나의 높은 곳에 세우시며

18:36 내 걸음을 넓게 하셨고 나를 실족하지 않게 하셨나이다

18:39 주께서 나를 전쟁하게 하려고 능력으로 내게 띠 띠우사 일어나 나를 치는 자들이 내게 굴복하게 하셨나이다

오늘의 찬양

찬송가 422장 | 거룩하게 하소서

맥체인성경365
589p

말씀 연결 율법과 믿음 (잠 29, 살후 3)

잠언 29장 | 율법을 지킴으로 부정을 처리함

29:1 자주 책망을 받으면서도 목이 곧은 사람은 갑자기 패망을 당하고 피하지 못하리라

29:9 지혜로운 자와 미련한 자가 다투면 지혜로운 자가 노하든지 웃든지 그 다툼은 그침이 없느니라

29:13 가난한 자와 포학한 자가 섞여 살거니와 여호와께서는 그 모두의 눈에 빛을 주시느니라

29:14 왕이 가난한 자를 성실히 신원하면 그의 왕위가 영원히 견고하리라

29:26 주권자에게 은혜를 구하는 자가 많으나 사람의 일의 작정은 여호와께로 말미암느니라

데살로니가후서 3장 | 믿음으로 함

3:2 또한 우리를 부당하고 악한 사람들에게서 건지시옵소서 하라 믿음은 모든 사람의 것이 아니니라

3:8 누구에게서든지 음식을 값없이 먹지 않고 오직 수고하고 애써 주야로 일함은 너희 아무에게도 폐를 끼치지 아니하려 함이니

3:9 우리에게 권리가 없는 것이 아니요 오직 스스로 너희에게 본을 보여 우리를 본받게 하려 함이니라

3:10 우리가 너희와 함께 있을 때에도 너희에게 명하기를 누구든지 일하기 싫어하거든 먹지도 말게 하라 하였더니

3:14 누가 이 편지에 한 우리 말을 순종하지 아니하거든 그 사람을 지목하여 사귀지 말고 그로 하여금 부끄럽게 하라

3:17 나 바울은 친필로 문안하노니 이는 편지마다 표시로서 이렇게 쓰노라

묵상 가이드

레 15 하나님께서는 남자의 설정으로 인한 부정과 정결법, 여자의 월경으로 인한 부정과 정결법에 대해 지시하신다. 하나님께서는 이런 인간의 자연스러운 생리 현상까지도 의식적 부정으로 규정함으로써 택한 백성들이 새 생명의 근원이요 출발점인 성생활에서부터 정결을 유지하고, 나아가 하나님의 창조 섭리를 온전히 이루어나가기를 원하셨던 것이다.

시 18 힘과 기쁨과 감격의 기운이 넘치는 이 시는 사무엘 22장 내용과 같이하는 다윗의 승전가이다.

잠 29 본 장에서는 통치자의 책무를 상기시키면서 통치자가 하나님의 공의를 세울 때 나라가 안정되고 번영한다는 것을 가르친다. 이런 지혜자의 교훈은 시대와 민족을 초월하여 모든 세상 지도자들이 마땅히 명심해야 할 덕목이라고 하겠다.

살후 3 적그리스도의 출현을 경고한 바울은 이제 하나님을 향해 데살로니가 교인들을 온전히 보존해달라고 간절하게 기도한다. 그리고 재림을 대망하는 데살로니가 교인들을 향해 무위도식하지 말고 규모 있고 성실하게 생활하며 이단을 경계하도록 당부한다. 이런 권면은 오늘날 현대의 성도들을 향한 당부이기도 하다.

더 깊은 묵상

하나님의 자녀인 우리는 하나님 나라와 의를 위하여 악을 버리고 선을 행하기 위해 부단히 노력해야 합니다. 악을 선으로 포장하는 위선자들과, 선한 사람들에게 악을 행하는 자들에게 하나님의 공의와 선하심으로 맞서야 합니다. 그러기 위해서는 먼저 우리 안에 있는 부정을 처리해야 합니다. 부정을 처리하는 방법은 하나님의 도를 지키고 하나님을 떠나지 아니함으로 죄악으로부터 자신을 지키는 것입니다. 믿음이란 부정한 것, 불의함으로부터 떠나 거룩한 것, 공의로운 삶을 향한 전향을 의미합니다.

기도와 적용

말씀기도

❶ 죄악으로부터 떠날 수 있도록 지켜 주소서.
❷ 하나님의 말씀에 순종함으로 믿음으로 부정을 처리하는 삶이 되게 하소서.
❸ 제 삶의 중심과 방향이 오직 주님을 의지하게 하소서.

나의 적용

오늘의 감사

믿음으로 감사

소망으로 감사

사랑으로 감사

말씀암송

시 18:1 나의 힘이신 ☐☐☐여 내가 주를 ☐☐하나이다

말씀배경 지식

그룹 (시 18:10)
'그룹'은 천상의 존재로 볼 수 있다. 그룹은 하나님의 영광과 거룩을 수호하며 하나님을 호위하는 역할을 한다.

102 일차 365

완전하신 여호와의 율법

4월 12일

레위기 16장 | 시편 19편 | 잠언 30장 | 디모데전서 1장

말씀 연결 명령과 율법 (레 16, 시 19)

레위기 16장 | 각종 명령을 주심

16:2 여호와께서 모세에게 이르시되 네 형 아론에게 이르라 성소의 휘장 안 법궤 위 속죄소 앞에 아무 때나 들어오지 말라 그리하여 죽지 않도록 하라 이는 내가 구름 가운데에서 속죄소 위에 나타남이니라

16:4 거룩한 세마포 속옷을 입으며 세마포 속바지를 몸에 입고 세마포 띠를 띠며 세마포 관을 쓸지니 이것들은 거룩한 옷이라 물로 그의 몸을 씻고 입을 것이며

16:8 두 염소를 위하여 제비 뽑되 한 제비는 여호와를 위하고 한 제비는 아사셀을 위하여 할지며

16:12 향로를 가져다가 여호와 앞 제단 위에서 피운 불을 그것에 채우고 또 곱게 간 향기로운 향을 두 손에 채워 가지고 휘장 안에 들어가서

16:15 또 백성을 위한 속죄제 염소를 잡아 그 피를 가지고 휘장 안에 들어가서 그 수송아지 피로 행함 같이 그 피로 행하여 속죄소 위와 속죄소 앞에 뿌릴지니

16:18 그는 여호와 앞 제단으로 나와서 그것을 위하여 속죄할지니 곧 그 수송아지의 피와 염소의 피를 가져다가 제단 귀퉁이 뿔들에 바르고

시편 19편 | 하늘의 해와 같은 이 땅의 최고의 율법

19:1 하늘이 하나님의 영광을 선포하고 궁창이 그의 손으로 하신 일을 나타내는도다

19:3 언어도 없고 말씀도 없으며 들리는 소리도 없으나

19:4 그의 소리가 온 땅에 통하고 그의 말씀이 세상 끝까지 이르도다 하나님이 해를 위하여 하늘에 장막을 베푸셨도다

19:8 여호와의 교훈은 정직하여 마음을 기쁘게 하고 여호와의 계명은 순결하여 눈을 밝게 하시도다

오늘의 찬양

찬송가 252장 | 나의 죄를 씻기는

맥체인성경365
594p

말씀 연결 말씀과 목적 (잠 30, 딤전 1)

잠언 30장 | 순전한 말씀

30:1 이 말씀은 야게의 아들 아굴의 잠언이니 그가 이디엘 곧 이디엘과 우갈에게 이른 것이니라

30:2 나는 다른 사람에게 비하면 짐승이라 내게는 사람의 총명이 있지 아니하니라

30:9 혹 내가 배불러서 하나님을 모른다 여호와가 누구냐 할까 하오며 혹 내가 가난하여 도둑질하고 내 하나님의 이름을 욕되게 할까 두려워함이니이다

30:13 눈이 심히 높으며 눈꺼풀이 높이 들린 무리가 있느니라

30:15 거머리에게는 두 딸이 있어 다오 다오 하느니라 족한 줄을 알지 못하여 족하다 하지 아니하는 것 서넛이 있나니

30:22 곧 종이 임금된 것과 미련한 자가 음식으로 배부른 것과

30:26 약한 종류로되 집을 바위 사이에 짓는 사반과

디모데전서 1장 | 교훈의 목적

1:4 신화와 끝없는 족보에 몰두하지 말게 하려 함이라 이런 것은 믿음 안에 있는 하나님의 경륜을 이룸보다 도리어 변론을 내는 것이라

1:6 사람들이 이에서 벗어나 헛된 말에 빠져

1:15 미쁘다 모든 사람이 받을 만한 이 말이여 그리스도 예수께서 죄인을 구원하시려고 세상에 임하셨다 하였도다 죄인 중에 내가 괴수니라

1:20 그 가운데 후메내오와 알렉산더가 있으니 내가 사탄에게 내준 것은 그들로 훈계를 받아 신성을 모독하지 못하게 하려 함이라

묵상 가이드

레 16 이스라엘 백성들은 범죄하면 제사 규례에 따라 하나님께 나아가 제사를 드림으로 죄사함을 받았다. 하지만 기억하지 못한 채 넘어가는 죄도 있었다. 이를 위해 일 년에 한 차례 대속죄일을 제정하고 대제사장을 비롯한 모든 이스라엘 백성들이 국가적으로 속죄할 수 있는 길을 열어 놓았다. 그것이 대속죄일의 규례이다.

시 19 하나님의 초월한 영광과 계시 그리고 하나님의 특별 계시인 율법에 대한 찬양시다.

잠 30 본 장은 아굴이라는 이름의 지혜자가 자신의 개인적 체험을 통해 깨달은 하나님에 관한 지식을 가르쳐주는 전반부와 일상생활에 유익을 주는 지혜를 교훈하는 후반부로 구분된다. 특히 후반부에서 아굴은 인생에서 금해야 할 4대 범죄인 불효, 위선, 교만, 탐욕을 피하도록 권면한다.

딤전 1 이 서신은 연소한 에베소 교회의 목회자요 바울의 제자이자 신실한 동역자인 디모데에게 올바른 목회관을 가르치기 위해 기록되었다. 그중 첫 장인 1장 전반부에서 바울은 그릇된 율법주의에서 비롯된 거짓 사상을 경계하고 율법을 바르게 사용하라고 권면한다. 이어 후반부에서 바울은 죄인 중의 죄인인 자신을 부르시고 사도로 삼아 주신 하나님의 은혜를 간증하며 찬양한다.

더 깊은 묵상

성도는 순전한 하나님의 말씀을 기준으로 살아야 합니다. 하나님의 말씀은 완전하고 영혼을 소성시키는 능력이 있습니다. 우리가 하나님을 더 깊이 알기를 원한다면, 하나님의 뜻이 무엇인지를 이해하기 원한다면 날마다 하나님의 말씀을 묵상해야 합니다. 성경은 우리에게 하나님의 뜻을 명백하게 알려주고, 하나님의 백성으로서 어떻게 살아야 할 것인가를 분명하게 말씀하십니다. 지금 우리에게 필요한 것은 하나님의 말씀에 대한 탁월한 해석이 아니라, 하나님의 말씀에 순종하며 살려고 하는 순결한 태도입니다.

기도와 적용

말씀기도

❶ 하나님이 거룩한 분이시니 하나님을 닮아 거룩한 삶을 살도록 도와주소서.
❷ 말씀 묵상을 통해 선한 삶을 살 수 있게 도와주소서.
❸ 선한 양심과 거짓 없는 믿음에서 나오는 사랑으로 살아가도록 인도하여 주소서.

나의 적용

오늘의 감사

믿음으로 감사

소망으로 감사

사랑으로 감사

말씀암송

시 19:8 여호와의 ☐☐은 정직하여 마음을 기쁘게 하고 여호와의 ☐☐은 순결하여 눈을 밝게 하시도다

말씀배경 지식

디모데 (딤전 1:2)
'디모데'는 바울의 1차 선교 여행 때 복음을 전한 루스드라 출신이다. 바울과 동행하며 전도사역을 수행한 신실한 동역자로 고린도, 에베소 교회를 돌보았다.

103 일차 365

피가 죄를 속함

4월 13일

레위기 17장 | 시편 20-21편 | 잠언 31장 | 디모데전서 2장

말씀 연결 죄, 구원 (레 17, 시 20-21)

레위기 17장 | 피가 죄를 속함

17:5 그런즉 이스라엘 자손이 들에서 잡던 그들의 제물을 회막 문 여호와께로 끌고 가서 제사장에게 주어 화목제로 여호와께 드려야 할 것이요

17:7 그들은 전에 음란하게 섬기던 숫염소에게 다시 제사하지 말 것이니라 이는 그들이 대대로 지킬 영원한 규례니라

17:9 회막 문으로 가져다가 여호와께 드리지 아니하면 그는 백성 중에서 끊어지리라

17:13 모든 이스라엘 자손이나 그들 중에 거류하는 거류민이 먹을 만한 짐승이나 새를 사냥하여 잡거든 그것의 피를 흘리고 흙으로 덮을지니라

17:15 또 스스로 죽은 것이나 들짐승에게 찢겨 죽은 것을 먹은 모든 자는 본토인이거나 거류민이거나 그의 옷을 빨고 물로 몸을 씻을 것이며 저녁까지 부정하고 그 후에는 정하려니와

시편 20-21편 | 하나님의 구원하심

20:1 환난 날에 여호와께서 네게 응답하시고 야곱의 하나님의 이름이 너를 높이 드시며

20:3 네 모든 소제를 기억하시며 네 번제를 받아 주시기를 원하노라 (셀라)

20:6 여호와께서 자기에게 기름 부음 받은 자를 구원하시는 줄 이제 내가 아노니 그의 오른손의 구원하는 힘으로 그의 거룩한 하늘에서 그에게 응답하시리로다

21:2 그의 마음의 소원을 들어 주셨으며 그의 입술의 요구를 거절하지 아니하셨나이다 (셀라)

21:4 그가 생명을 구하매 주께서 그에게 주셨으니 곧 영원한 장수로소이다

오늘의 찬양
찬송가 421장 | 내가 예수 믿고서

맥체인성경365
599p

말씀 연결 현숙과 소원 (잠 31, 딤전 2)

잠언 31장 | 현숙한 자(속죄함 받은 자의 삶)의 삶

31:5 술을 마시다가 법을 잊어버리고 모든 곤고한 자들의 송사를 굽게 할까 두
려우니라

31:8 너는 말 못하는 자와 모든 고독한 자의 송사를 위하여 입을 열지니라

31:18 자기의 장사가 잘 되는 줄을 깨닫고 밤에 등불을 끄지 아니하며

31:19 손으로 솜뭉치를 들고 손가락으로 가락을 잡으며

31:22 그는 자기를 위하여 아름다운 이불을 지으며 세마포와 자색 옷을 입으며

31:23 그의 남편은 그 땅의 장로들과 함께 성문에 앉으며 사람들의 인정을 받으
며

31:31 그 손의 열매가 그에게로 돌아갈 것이요 그 행한 일로 말미암아 성문에서
칭찬을 받으리라

디모데전서 2장 | 교훈의 목적

2:1 그러므로 내가 첫째로 권하노니 모든 사람을 위하여 간구와 기도와 도고와 감
사를 하되

2:8 그러므로 각처에서 남자들이 분노와 다툼이 없이 거룩한 손을 들어 기도하기
를 원하노라

2:9 또 이와 같이 여자들도 단정하게 옷을 입으며 소박함과 정절로써 자기를 단장
하고 땋은 머리와 금이나 진주나 값진 옷으로 하지 말고

2:15 그러나 여자들이 만일 정숙함으로써 믿음과 사랑과 거룩함에 거하면 그의 해
산함으로 구원을 얻으리라

묵상 가이드

레 17 본장에서는 희생제물을 도살하는 법, 피의 식용 금지와 관련된 제반 규례들이 세밀하게 언급되고 있다.

시 20-21 20편은 전쟁에 임하기에 앞서 하나님께 승리를 간구하는 기원시로서 시문 전체에 긴장감이 넘친다. 그리고 21편에서는 전쟁에서 승리를 거둔 후 그 모든 영광을 하나님께 돌리는 개선가이다.

잠 31 본 장은 르무엘 왕의 어머니의 훈계로서 통치자가 주의해야 할 덕목 즉 정욕, 무절제를 경계하라는 내용의전반부와 현숙한 아내의 특징을 열거하면서 칭송하는 답관체 형식의 후반부로 나누어진다. 특히 저자는 현숙한 아내의 첫 번째 특징인 '여호와 경외'를 언급함으로써 마지막 잠언의 대주제를 다시 한 번 상기시킨다.

딤전 2 바울은 본격적으로 목회 전반에 필요한 지침들을 하나씩 가르친다. 또 바울은 공식 예배에서 대중 기도 순서를 맡은 자가 각계각층의 모든 사람을 위해 기도할 것과 여성도들은 절제된 생활로 창조주 하나님이 정하신 교회의 질서를 순종하라고 권면한다.

더 깊은 묵상

성도는 십자가의 피로 거룩함을 입은 자입니다. 예수께서 십자가에서 흘리신 피만이 죄를 사할 수 있습니다. 그리고 하나님이 우리를 구원하신 이유는 모든 사람이 구원받도록 하시기 위해서입니다. 하나님은 모든 사람이 진리를 알고 구원에 이르기를 원하십니다. 모든 사람이 구원을 받기 위해서는 우리의 입술로 예수 그리스도의 복음을 전해야 합니다. 모든 사람이 진리를 알기 위해서는 우리가 예수 그리스도의 사랑과 진리와 평화를 삶으로 살아내고, 실천해야 합니다. 내일의 삶에서 십자가의 피를 힘입어 나아가야 합니다.

기도와 적용

말씀기도

❶ 현숙한 삶을 위해 도우시는 하나님을 만나게 하소서.
❷ 여호와를 경외함으로 섬기며 구원에 이르는 삶을 살게 하소서.
❸ 세상의 권세를 두려워하지 않고 하나님만 두려워하며 살게 하소서.

나의 적용

오늘의 감사

믿음으로 감사

소망으로 감사

사랑으로 감사

말씀암송

시 21:2 그의 마음의 [ ][ ]을 들어 주셨으며 그의 입술의 [ ][ ]를 거절하지 아니하셨나이다 (셀라)

말씀배경 지식

현숙한 여인 (잠 31:10)
여호와를 경외하는 여자, 남편에게 선을 행하고 악을 행하지 않는 여자, 집안일을 보살피며 게으르지 않은 여자를 가리킨다.

104 일차/365 거룩하신 하나님과 그의 백성 된 자의 삶

4월 14일

레위기 18장 | 시편 22편 | 전도서 1장 | 디모데전서 3장

말씀 연결 우리의 주재이신 여호와 (레 18, 시 22)

레위기 18장 | 우리의 여호와 하나님

18:6 각 사람은 자기의 살붙이를 가까이하여 그의 하체를 범하지 말라 나는 여호와이니라

18:17 너는 여인과 그 여인의 딸의 하체를 아울러 범하지 말며 또 그 여인의 손녀나 외손녀를 아울러 데려다가 그의 하체를 범하지 말라 그들은 그의 살붙이이니 이는 악행이니라

18:21 너는 결단코 자녀를 몰렉에게 주어 불로 통과하게 함으로 네 하나님의 이름을 욕되게 하지 말라 나는 여호와이니라

18:22 너는 여자와 동침함 같이 남자와 동침하지 말라 이는 가증한 일이니라

18:23 너는 짐승과 교합하여 자기를 더럽히지 말며 여자는 짐승 앞에 서서 그것과 교접하지 말라 이는 문란한 일이니라

시편 22편 | 여호와는 모든 나라의 주재이심

22:1 내 하나님이여 내 하나님이여 어찌 나를 버리셨나이까 어찌 나를 멀리 하여 돕지 아니하시오며 내 신음 소리를 듣지 아니하시나이까

22:6 나는 벌레요 사람이 아니라 사람의 비방거리요 백성의 조롱거리니이다

22:7 나를 보는 자는 다 나를 비웃으며 입술을 비쭉거리고 머리를 흔들며 말하되

22:8 그가 여호와께 의탁하니 구원하실 걸, 그를 기뻐하시니 건지실 걸 하나이다

22:12 많은 황소가 나를 에워싸며 바산의 힘센 소들이 나를 둘러쌌으며

22:17 내가 내 모든 뼈를 셀 수 있나이다 그들이 나를 주목하여 보고

오늘의 찬양
찬송가 325장 | 예수가 함께 계시니

맥체인성경365
603p

말씀 연결 해 아래 일 (전 1, 딤전 3)

전도서 1장 | 해 아래 새 것이 없음

1:2 전도자가 이르되 헛되고 헛되며 헛되고 헛되니 모든 것이 헛되도다

1:8 모든 만물이 피곤하다는 것을 사람이 말로 다 말할 수는 없나니 눈은 보아도
족함이 없고 귀는 들어도 가득 차지 아니하도다

1:13 마음을 다하며 지혜를 써서 하늘 아래에서 행하는 모든 일을 연구하며 살
핀즉 이는 괴로운 것이니 하나님이 인생들에게 주사 수고하게 하신 것이라

1:14 내가 해 아래에서 행하는 모든 일을 보았노라 보라 모두 다 헛되어 바람을
잡으려는 것이로다

1:17 내가 다시 지혜를 알고자 하며 미친 것들과 미련한 것들을 알고자 하여 마
음을 썼으나 이것도 바람을 잡으려는 것인 줄을 깨달았도다

디모데전서 3장 | 선한 일을 사모함

3:1 미쁘다 이 말이여, 곧 사람이 감독의 직분을 얻으려 함은 선한 일을 사모하는
것이라 함이로다

3:8 이와 같이 집사들도 정중하고 일구이언을 하지 아니하고 술에 인박히지 아니
하고 더러운 이를 탐하지 아니하고

3:15 만일 내가 지체하면 너로 하여금 하나님의 집에서 어떻게 행하여야 할지를 알
게 하려 함이니 이 집은 살아 계신 하나님의 교회요 진리의 기둥과 터니라

묵상 가이드

레 18 일상사에서 식욕과 함께 성욕은 매우 중요한 부분을 차지한다. 하나님께서는 본장에서 이스라엘 공동체의 올바른 성생활에 대해 규례를 주신다. 특히 이방인의 악한 성 풍습에 둘러싸여 있던 이스라엘 백성에게 절실하게 요구되었던 이 법은 온갖 타락한 성 문화에 오염된 현대인들 역시도 귀 기울여야 할 중요한 구례라 하겠다.

시 22 메시야 예언시로서 장차 이 땅에 임하실 메시야의 고난 당하심과 승리하심을 노래한다.

전 1 전도서의 대주제이며 서론격인 '하나님을 떠난 인생의 허무함'을 히브리어 최상급을 사용하여 강조하고 있다. 전도자는 자신의 인생 경험을 토대로 하나님을 떠난 인생, 하나님과 무관한 지식과 지혜의 허탄함을 고백한다.

딤전 3 바울은 교회를 섬기는 직분자들 특히 말씀을 선포하며 교회를 지도하는 감독과 재정 및 행정을 맡은 집사의 자격을 설명한다. 교회 직분자는 세상 사람들로부터도 인정을 받아야 한다는 자격 조건이 오늘날 교회 직분자도 귀담아 들어야 할 덕목이다.

더 깊은 묵상

하나님은 이 세상을 창조하신 분이시고 우리에게 수고해야 할 일을 주신 분이십니다. 따라서 하나님의 자녀요 백성인 우리가 해야 할 일은 창조자이신 하나님을 기쁘시게 하는 일입니다. 하나님을 기쁘시게 하는 일은 하나님의 거룩함을 이루는 삶을 사는 것입니다. 그리고 하나님이 주신 모든 법과 규례를 지키며 사는 것입니다. 그래서 우리가 살아가는 모든 곳이 살아계신 하나님의 교회요 진리의 기둥과 터가 되도록 살아가는 일입니다. 하나님의 백성 된 성도는 옛사람의 모습을 완전히 버리고 새사람을 입어야 합니다.

기도와 적용

말씀기도

❶ 하나님의 규례를 지켜 거룩함을 이루는 삶을 살게 하소서.
❷ 만유의 주재이신 하나님을 의지하며 담대하게 살아갈 수 있게 도와주소서.
❸ 늘 선한 일을 사모하며 선별된 삶을 살 수 있게 하여 주소서.

나의 적용

오늘의 감사

믿음으로 감사

소망으로 감사

사랑으로 감사

말씀암송

전 1:2 전도자가 이르되 ☐ 되고 ☐ 되며 ☐ 되고 ☐ 되니 모든 것이 ☐ 되도다

말씀배경 지식

전도자 (전 1:2)
전도자란 '코헬레트' 즉 '모으다'라는 의미로 회중들을 모으고 진리와 교훈을 베푸는 사람을 가리킨다.

105 일차/365

4월 15일

거룩한 삶

레위기 19장 | 시편 23-24편 | 전도서 2장 | 디모데전서 4장

말씀 연결 하나님의 명령과 자격 (레 19, 시 23-24)

레위기 19장 | 하나님의 명령

19:3 너희 각 사람은 부모를 경외하고 나의 안식일을 지키라 나는 너희의 하나님 여호와이니라

19:9 너희가 너희의 땅에서 곡식을 거둘 때에 너는 밭 모퉁이까지 다 거두지 말고 네 떨어진 이삭도 줍지 말며

19:13 너는 네 이웃을 억압하지 말며 착취하지 말며 품꾼의 삯을 아침까지 밤새도록 네게 두지 말며

19:19 너희는 내 규례를 지킬지어다 네 가축을 다른 종류와 교미시키지 말며 네 밭에 두 종자를 섞어 뿌리지 말며 두 재료로 직조한 옷을 입지 말지며

19:23 너희가 그 땅에 들어가 각종 과목을 심거든 그 열매는 아직 할례 받지 못한 것으로 여기되 곧 삼 년 동안 너희는 그것을 할례 받지 못한 것으로 여겨 먹지 말 것이요

19:31 너희는 신접한 자와 박수를 믿지 말며 그들을 추종하여 스스로 더럽히지 말라 나는 너희 하나님 여호와이니라

19:32 너는 센 머리 앞에서 일어서고 노인의 얼굴을 공경하며 네 하나님을 경외하라 나는 여호와이니라

19:33 거류민이 너희의 땅에 거류하여 함께 있거든 너희는 그를 학대하지 말고

시편 23-24편 | 여호와의 산에 오를 자의 자격

23:1 여호와는 나의 목자시니 내게 부족함이 없으리로다

23:2 그가 나를 푸른 풀밭에 누이시며 쉴 만한 물 가로 인도하시는도다

23:3 내 영혼을 소생시키시고 자기 이름을 위하여 의의 길로 인도하시는도다

24:6 이는 여호와를 찾는 족속이요 야곱의 하나님의 얼굴을 구하는 자로다 (셀라)

오늘의 찬양
찬송가 449장 | 예수 따라가며

맥체인성경365
607p

말씀 연결 수고와 거룩 (전 2, 딤전 4)

전도서 2장 | 수고한 모든 것이 헛됨

2:1 나는 내 마음에 이르기를 자, 내가 시험삼아 너를 즐겁게 하리니 너는 낙을
누리라 하였으나 보라 이것도 헛되도다

2:3 내가 내 마음으로 깊이 생각하기를 내가 어떻게 하여야 내 마음을 지혜로 다
스리면서 술로 내 육신을 즐겁게 할까 또 내가 어떻게 하여야 천하의 인생들이
그들의 인생을 살아가는 동안 어떤 것이 선한 일인지를 알아볼 때까지 내 어리석
음을 꼭 붙잡아 둘까 하여

2:8 은 금과 왕들이 소유한 보배와 여러 지방의 보배를 나를 위하여 쌓고 또 노
래하는 남녀들과 인생들이 기뻐하는 처첩들을 많이 두었노라

2:9 내가 이같이 창성하여 나보다 먼저 예루살렘에 있던 모든 자들보다 더 창성
하니 내 지혜도 내게 여전하도다

2:16 지혜자도 우매자와 함께 영원하도록 기억함을 얻지 못하나니 후일에는 모
두 다 잊어버린 지 오랠 것임이라 오호라 지혜자의 죽음이 우매자의 죽음과 일반
이로다

2:21 어떤 사람은 그 지혜와 지식과 재주를 다하여 수고하였어도 그가 얻은 것
을 수고하지 아니한 자에게 그의 몫으로 넘겨 주리니 이것도 헛된 것이며 큰 악
이로다

디모데전서 4장 | 말씀과 기도로 거룩하여짐

4:2 자기 양심이 화인을 맞아서 외식함으로 거짓말하는 자들이라

4:3 혼인을 금하고 어떤 음식물은 먹지 말라고 할 터이나 음식물은 하나님이 지으
신 바니 믿는 자들과 진리를 아는 자들이 감사함으로 받을 것이니라

4:7 망령되고 허탄한 신화를 버리고 경건에 이르도록 네 자신을 연단하라

4:12 누구든지 네 연소함을 업신여기지 못하게 하고 오직 말과 행실과 사랑과 믿
음과 정절에 있어서 믿는 자에게 본이 되어

묵상 가이드

레 19 이스라엘 백성들이 하나님의 선민으로서 지켜야 할 일상 규범을 지시하신다. 가난한 자를 위한 규범, 재판정에서 지켜야 할 규범, 종을 위한 규범, 농사 관련 규범, 부모에 대한 규범, 나그네나 타국인에 대한 규범 등이 그것이다. 이런 규범들은 '네 이웃을 내 몸같이 사랑하라'라는 한 마디 대명제로 요약된다.

시 23-24 23편은 시편 가운데 가장 목가적인 시로서 시인은 하나님의 사랑과 돌봄을 목자의 심경으로 노래한다. 그리고 24편에서는 언약궤를 시온으로 옮길 때 찬양한 영광의 노래이다. 하나님의 시온 입성은 하나님이 이스라엘의 영원한 왕이요, 이스라엘은 그분의 통치를 받는 신정 왕국의 백성이 되었음을 의미한다.

전 2 해 아래 살아가는 인생의 허무함을 토로한 전도자는 이런 허탄함을 메우기 위해 육체적 쾌락을 추구하고 또 지혜도 추구해 보았지만 모두 허망했던 자신의 과거를 고백한다. 그러던 중 전도자는 눈을 들어 하늘의 하나님을 발견하고 하나님께서만 인생의 소망이 있음을 깨닫게 된다.

딤전 4 교회 직분자의 자격에 대해 설명한 저자는 이어서 거짓 영을 받고 믿음을 저버리며 양심에 화안 맞은 거짓 교사의 특징을 지적함으로써 이들 거짓 교사들을 경계하도록 가르친다. 후반부는 선한 교훈으로 양육을 받고 경건의 훈련을 쌓으며 언행에 모범적인 주님의 선한 일꾼은 어떤 특징을 갖는지 상기시킨다.

더 깊은 묵상

하나님께서는 우리에게 '거룩'하라고 거듭 말씀하십니다. 그것은 하나님이 거룩한 분이시기 때문입니다. 그리고 성도는 오직 말씀과 기도로 거룩해진다고 말씀하십니다. 세상의 기준이 아닌 하나님의 말씀이 기준이 된 삶을 살아야 하며, 기도함으로 확증하며 나가야 합니다. 또 하나님께서 원하시는 거룩은 가난한 자와 나그네들을 배려하고, 이웃을 내 몸과 같이 사랑하는 것이라고 말씀하십니다. 예수님께서도 몸과 마음과 정성을 다하여 하나님을 사랑하고, 네 이웃을 네 몸과 같이 사랑하라고 말씀하셨습니다.

기도와 적용

말씀기도

❶ 말씀에 귀 기울이며 기도로 거룩한 삶을 살게 하소서.
❷ 나의 마음을 지키시고, 삶의 발걸음을 지켜주소서.
❸ 내 몸을 사랑하는 것처럼 내 이웃도 사랑하게 하소서.

나의 적용

오늘의 감사

믿음으로 감사

소망으로 감사

사랑으로 감사

말씀암송

딤전 4:12 누구든지 네 [ ][ ][ ]을 업신여기지 못하게 하고 오직 말과 행실과 [ ][ ]과 [ ][ ]과 [ ][ ]에 있어서 믿는 자에게 본이 되어

말씀배경 지식

레위기 19장
거룩한 선민 이스라엘이 준수해야 할 기본적인 규례와 사회 활동에 따른 여러 규범을 제시한다. 위로는 거룩하신 하나님을 사랑하고 옆으로는 이웃을 사랑하며 또한 사회에 대해서는 정의와 공평을 실현하게 한다.

106 일차/365

여호와의 친밀함과 때를 따라 아름답게 하심

4월 16일

레위기 20장 | 시편 25편 | 전도서 3장 | 디모데전서 5장

말씀 연결 구별과 경외 (레 20, 시 25)

레위기 20장 | 구별하심

20:9 만일 누구든지 자기의 아버지나 어머니를 저주하는 자는 반드시 죽일지니 그가 자기의 아버지나 어머니를 저주하였은즉 그의 피가 자기에게로 돌아가리라

20:19 네 이모나 고모의 하체를 범하지 말지니 이는 살붙이의 하체인즉 그들이 그들의 죄를 담당하리라

20:21 누구든지 그의 형제의 아내를 데리고 살면 더러운 일이라 그가 그의 형제의 하체를 범함이니 그들에게 자식이 없으리라

20:22 너희는 나의 모든 규례와 법도를 지켜 행하라 그리하여야 내가 너희를 인도하여 거주하게 하는 땅이 너희를 토하지 아니하리라

20:24 내가 전에 너희에게 이르기를 너희가 그들의 땅을 기업으로 받을 것이라 내가 그 땅 곧 젖과 꿀이 흐르는 땅을 너희에게 주어 유업을 삼게 하리라 하였노라 나는 너희를 만민 중에서 구별한 너희의 하나님 여호와이니라

시편 25편 | 경외하는 자들에게 함께하심

25:1 여호와여 나의 영혼이 주를 우러러보나이다

25:9 온유한 자를 정의로 지도하심이여 온유한 자에게 그의 도를 가르치시리로다

25:13 그의 영혼은 평안히 살고 그의 자손은 땅을 상속하리로다

25:15 내 눈이 항상 여호와를 바라봄은 내 발을 그물에서 벗어나게 하실 것임이로다

25:16 주여 나는 외롭고 괴로우니 내게 돌이키사 나에게 은혜를 베푸소서

오늘의 찬양
찬송가 357장 | 주 믿는 사람 일어나

맥체인성경365
611p

말씀 연결 범사와 권면 (전 3, 딤전 5)

전도서 3장 | 범사에 기한이 있음

3:5 돌을 던져 버릴 때가 있고 돌을 거둘 때가 있으며 안을 때가 있고 안는 일을
멀리 할 때가 있으며

3:11 하나님이 모든 것을 지으시되 때를 따라 아름답게 하셨고 또 사람들에게는
영원을 사모하는 마음을 주셨느니라 그러나 하나님이 하시는 일의 시종을 사람
으로 측량할 수 없게 하셨도다

3:17 내가 내 마음속으로 이르기를 의인과 악인을 하나님이 심판하시리니 이는
모든 소망하는 일과 모든 행사에 때가 있음이라 하였으며

3:21 인생들의 혼은 위로 올라가고 짐승의 혼은 아래 곧 땅으로 내려가는 줄을
누가 알랴

디모데전서 5장 | 권면과 다스림의 자세

5:11 젊은 과부는 올리지 말지니 이는 정욕으로 그리스도를 배반할 때에 시집 가
고자 함이니

5:17 잘 다스리는 장로들은 배나 존경할 자로 알되 말씀과 가르침에 수고하는 이들
에게는 더욱 그리할 것이니라

5:18 성경에 일렀으되 곡식을 밟아 떠는 소의 입에 망을 씌우지 말라 하였고 또 일
꾼이 그 삯을 받는 것은 마땅하다 하였느니라

5:20 범죄한 자들을 모든 사람 앞에서 꾸짖어 나머지 사람들로 두려워하게 하라

묵상 가이드

레 20 하나님께서는 계속해서 우상 숭배의 각종 유형과 그에 대한 처벌 규정, 간음 행위의 유형과 그에 대한 처벌 규정을 상세하게 지시하신다. 그리고 결론으로 가증스런 죄악에서 떠나라고 명령하신다. 우상 숭배의 유혹과 음행의 유혹을 이기는 비결은 그 현장에서 즉시 떠나는 것임을 명심해야 한다.

시 25 대적의 위협에 직면해 있던 시인이 구원은 오직 하나님께 있음을 알고 그분께 모든 상황을 의뢰하는 간구의 시이다.

전 3 하나님을 통해서만 기쁨이 있음을 발견한 전도자는 이런 하나님에게 초점을 맞추어 하나님의 섭리와 경륜을 이해하기 위해 노력하다가 범사에 때와 기한은 하나님의 주권에 달려 있음을 발견하게 된다.

딤전 5 목회자의 자질과 권위에 대해 가르친 바울은 이제 목회자가 각계각층의 다양한 성도들에 대해서는 어떤 자세를 취해야 할지를 교훈한다. 그리고 남녀노소에 대한 목회자의 자세, 참 과부에 대한 목회 지침, 장로에 대한 목회자의 태도 등으로 구성된다.

더 깊은 묵상

하나님이 우리를 구원하시고 영원을 사모하는 마음을 주신 이유는 하나님을 경외하게 하기 위해서입니다. 그러므로 하나님의 거룩하심을 닮아가며 영원을 사모하는 마음을 가진 우리가 해야 할 일은 내 가족과 이웃을 돌보는 일이며, 다른 사람의 죄에 간섭하지 말며 자신을 지켜 정결하게 하는 일입니다. 다른 사람의 죄에 대해 간섭하고 지적하는 것보다 더 우선해야 할 일은 나 자신부터 정결하게 하는 일입니다. 하나님의 사랑과 거룩은 먼 곳에 있는 것이 아니라 바로 내 삶 속에서부터 시작해야 하는 일이기 때문입니다.

기도와 적용

말씀기도

❶ 여호와여 주의 도를 내게 보이시고 주의 길을 내게 가르치소서.
❷ 오늘 하루 하나님과 이웃을 위해 기쁨으로 선할 일을 행할 수 있도록 인도하여 주소서.
❸ 구별된 삶을 살고 하나님을 경외하는 아름다운 삶이 되게 하소서.

나의 적용

오늘의 감사

믿음으로 감사

소망으로 감사

사랑으로 감사

말씀암송

딤전 5:20 □□□ 자들을 모든 사람 앞에서 꾸짖어 나머지 사람들로 □□□하게 하라

말씀배경 지식

팔레스타인의 우상
몰렉(암몬의 민족신), 바알(가나안의 곡물, 폭풍의 신), 아스다롯(가나안의 다산, 사랑의 신), 그모스(모압의 국가신, 전쟁신), 다곤(블레셋의 국가신, 곡물신), 하늘의 여왕(가나안의 아스다롯과 동일) 등이다.

107 일차 365

거룩함과 완전함

4월 17일

레위기 21장 | 시편 26-27편 | 전도서 4장 | 디모데전서 6장

말씀 연결 명하고 행함 (레 21, 시 26-27)

레위기 21장 | 거룩함을 명함

21:5 제사장들은 머리털을 깎아 대머리 같게 하지 말며 자기의 수염 양쪽을 깎지 말며 살을 베지 말고

21:10 자기의 형제 중 관유로 부음을 받고 위임되어 그 예복을 입은 대제사장은 그의 머리를 풀지 말며 그의 옷을 찢지 말며

21:12 그 성소에서 나오지 말며 그의 하나님의 성소를 속되게 하지 말라 이는 하나님께서 성별하신 관유가 그 위에 있음이니라 나는 여호와이니라

21:17 아론에게 말하여 이르라 누구든지 너의 자손 중 대대로 육체에 흠이 있는 자는 그 하나님의 음식을 드리려고 가까이 오지 못할 것이니라

21:22 그는 그의 하나님의 음식이 지성물이든지 성물이든지 먹을 것이나

시편 26-27편 | 완전함에 행함

26:3 주의 인자하심이 내 목전에 있나이다 내가 주의 진리 중에 행하여

26:6 여호와여 내가 무죄하므로 손을 씻고 주의 제단에 두루 다니며

26:12 내 발이 평탄한 데에 섰사오니 무리 가운데에서 여호와를 송축하리이다

27:1 여호와는 나의 빛이요 나의 구원이시니 내가 누구를 두려워하리요 여호와는 내 생명의 능력이시니 내가 누구를 무서워하리요

27:2 악인들이 내 살을 먹으려고 내게로 왔으나 나의 대적들, 나의 원수들인 그들은 실족하여 넘어졌도다

27:4 내가 여호와께 바라는 한 가지 일 그것을 구하리니 곧 내가 내 평생에 여호와의 집에 살면서 여호와의 아름다움을 바라보며 그의 성전에서 사모하는 그것이라

27:5 여호와께서 환난 날에 나를 그의 초막 속에 비밀히 지키시고 그의 장막 은밀한 곳에 나를 숨기시며 높은 바위 위에 두시리로다

27:13 내가 산 자들의 땅에서 여호와의 선하심을 보게 될 줄 확실히 믿었도다

오늘의 찬양
찬송가 321장 | 날 대속하신 예수께

맥체인성경365
616p

말씀 연결 함께함과 경건 (전 4, 딤전 6)

전도서 4장 | 함께함

4:2 그러므로 나는 아직 살아 있는 산 자들보다 죽은 지 오랜 죽은 자들을 더 복되다 하였으며

4:4 내가 또 본즉 사람이 모든 수고와 모든 재주로 말미암아 이웃에게 시기를 받으니 이것도 헛되어 바람을 잡는 것이로다

4:6 두 손에 가득하고 수고하며 바람을 잡는 것보다 한 손에만 가득하고 평온함이 더 나으니라

4:12 한 사람이면 패하겠거니와 두 사람이면 맞설 수 있나니 세 겹 줄은 쉽게 끊어지지 아니하느니라

4:16 그의 치리를 받는 모든 백성들이 무수하였을지라도 후에 오는 자들은 그를 기뻐하지 아니하리니 이것도 헛되어 바람을 잡는 것이로다

디모데전서 6장 | 경건

6:5 마음이 부패하여지고 진리를 잃어 버려 경건을 이익의 방도로 생각하는 자들의 다툼이 일어나느니라

6:9 부하려 하는 자들은 시험과 올무와 여러 가지 어리석고 해로운 욕심에 떨어지나니 곧 사람으로 파멸과 멸망에 빠지게 하는 것이라

6:11 오직 너 하나님의 사람아 이것들을 피하고 의와 경건과 믿음과 사랑과 인내와 온유를 따르며

6:12 믿음의 선한 싸움을 싸우라 영생을 취하라 이를 위하여 네가 부르심을 받았고 많은 증인 앞에서 선한 증언을 하였도다

6:13 만물을 살게 하신 하나님 앞과 본디오 빌라도를 향하여 선한 증언을 하신 그리스도 예수 앞에서 내가 너를 명하노니

6:19 이것이 장래에 자기를 위하여 좋은 터를 쌓아 참된 생명을 취하는 것이니라

6:20 디모데야 망령되고 헛된 말과 거짓된 지식의 반론을 피함으로 네게 부탁한 것을 지키라

묵상 가이드

레 21 하나님은 이제 이스라엘 백성을 대표하는 제사장들의 성결한 삶에 대해 알려주신다. 즉 장례식 관련 규례, 자녀들의 결혼과 순결에 관한 규례, 제사장의 신체적 무흠에 관한 규례 등이 그것이다. 이런 세세한 규례들은 하나님 앞에 서는 지도자들이 얼마나 거룩과 성결에 각별한 주의를 기울려야 할지를 교훈하는 것이다.

시 26-27 26편에서는 오직 하나님 앞에서 완전하기를 힘쓰는 경건과 신앙인의 호소이다. 그리고 27편에서는 비탄조의 시로 분류되기도 하나 전체적인 흐름은 하나님으로 인한 구원과 승리의 확신이 넘쳐흐르는 승리의 찬가이다.

전 4 개인적 차원에서 인생의 허무를 통해 하나님의 절대 주권과 섭리를 발견한 전도자는 이제 눈을 사회로 돌려 세상 권력자의 압제에서 고생하는 사람들과 그 아래에서 이루어지는 모든 불평등, 권세자의 무상한 최후를 보면서 세상 모순에서 오는 허망함을 지적한다.

딤전 6 바울은 성도들을 향해 믿음 생활에 유익이 되는 교훈들을 권면한다. 바울은 노예 출신 성도를 향해 상전을 더 잘 섬기도록 권고하고, 이단을 경계하고 절제할 것, 믿음의 선한 싸움을 싸울 것, 올바른 물질관을 가질 것을 권면한다.

더 깊은 묵상

시편 기자는 하나님께 바라는 오직 한 가지의 일이 '평생에 여호와의 집에 살면서 여호와의 아름다움을 바라보며 그의 성전에서 사모하는 것'이라고 고백합니다. 이것이야말로 하나님의 백성인 우리가 공통으로 소망하는 것입니다. 또 하나님께서도 우리에게 바라시는 소망이 있는데 그것은 '내가 거룩하니 너희도 거룩하라'라는 것입니다. 우리는 하나님의 확실한 소망에 대해 '의와 경건과 믿음과 사랑과 인내와 온유를 따르며 믿음의 선한 싸움'을 싸워야 합니다. 그리고 성도의 거룩함은 업적에 있지 않고 하나님을 의지하는 데 있다는 것을 기억해야 합니다.

기도와 적용

말씀기도

❶ 하나님만 바라보며 하나님만을 사랑하는 삶을 살 수 있도록 도와주소서.
❷ 하나님의 백성으로서 구별되고 성결한 삶을 살 수 있도록 생각과 말과 행동을 지켜 주소서.
❸ 이웃 형제자매가 흔들릴 때 손 내밀어 일으켜 세워 주는 하나님의 사람이 되게 하소서.

나의 적용

오늘의 감사

믿음으로 감사

소망으로 감사

사랑으로 감사

말씀암송

전 4:6 두 손에 가득하고 수고하며 ☐☐을 잡는 것보다 한 손에만 가득하고 ☐☐☐이 더 나으니라

말씀배경 지식

성경적 물질관
바울은 돈을 사랑하는 것이 모든 악의 뿌리라고 말한다. 이 말은 돈 자체가 악하다는 의미가 아니라 재물에 강한 애착을 가지고 인생의 전부로 삼을 때 물질은 악의 근원이 된다는 말이다.

성공하기 위한 여섯 가지 조건

캐나다의 칼럼니스트 찰스 마이클은 성공하기 위한 여섯 가지 조건을 이렇게 말하였다.

1. 자유 시간을 많이 가져라.
2. 창의적인 사람으로 인정받아라.
3. 자신이 좋아하는 일을 하라.
4. 다양한 취미 활동을 하라.
5. 철학적으로 독립성을 가져라.
6. 유머 감각이 풍부하여 잘 웃고 웃기는 사람이 되어라.

황수관 박사가 조언하는 건강상식 / 세줄

108 일차 365

거룩한 성호

4월 18일

레위기 22장 | 시편 28-29편 | 전도서 5장 | 디모데후서 1장

말씀 연결 성호를 찬양 (레 22, 시 28-29)

레위기 22장 | 거룩한 성호

22:6 곧 이런 것에 접촉된 자는 저녁까지 부정하니 그의 몸을 물로 씻지 아니하면 그 성물을 먹지 못할지며

22:11 그러나 제사장이 그의 돈으로 어떤 사람을 샀으면 그는 그것을 먹을 것이며 그의 집에서 출생한 자도 그렇게 하여 그들이 제사장의 음식을 먹을 것이며

22:12 제사장의 딸이 일반인에게 출가하였으면 거제의 성물을 먹지 못하되

22:18 아론과 그의 아들들과 이스라엘 온 족속에게 말하여 이르라 이스라엘 자손이나 그 중에 거류하는 자가 서원제물이나 자원제물로 번제와 더불어 여호와께 예물로 드리려거든

22:27 수소나 양이나 염소가 나거든 이레 동안 그것의 어미와 같이 있게 하라 여덟째 날 이후로는 여호와께 화제로 예물을 드리면 기쁘게 받으심이 되리라

22:28 암소나 암양을 막론하고 어미와 새끼를 같은 날에 잡지 말지니라

시편 28-29편 | 거룩한 성호를 찬양함

28:5 그들은 여호와께서 행하신 일과 손으로 지으신 것을 생각하지 아니하므로 여호와께서 그들을 파괴하고 건설하지 아니하시리로다

28:7 여호와는 나의 힘과 나의 방패이시니 내 마음이 그를 의지하여 도움을 얻었도다 그러므로 내 마음이 크게 기뻐하며 내 노래로 그를 찬송하리로다

28:9 주의 백성을 구원하시며 주의 산업에 복을 주시고 또 그들의 목자가 되시어 영원토록 그들을 인도하소서

29:1 너희 권능 있는 자들아 영광과 능력을 여호와께 돌리고 돌릴지어다

29:3 여호와의 소리가 물 위에 있도다 영광의 하나님이 우렛소리를 내시니 여호와는 많은 물 위에 계시도다

29:6 그 나무를 송아지 같이 뛰게 하심이여 레바논과 시룐으로 들송아지 같이 뛰게 하시도다

오늘의 찬양
찬송가 200장 | 달고 오묘한 그 말씀

맥체인성경365
620p

말씀 연결 선물과 은혜와 사명 (전 5, 딤후 1)

전도서 5장 | 선물을 주심

5:1 너는 하나님의 집에 들어갈 때에 네 발을 삼갈지어다 가까이 하여 말씀을 듣는 것이 우매한 자들이 제물 드리는 것보다 나으니 그들은 악을 행하면서도 깨닫지 못함이니라

5:8 너는 어느 지방에서든지 빈민을 학대하는 것과 정의와 공의를 짓밟는 것을 볼지라도 그것을 이상히 여기지 말라 높은 자는 더 높은 자가 감찰하고 또 그들보다 더 높은 자들도 있음이니라

5:12 노동자는 먹는 것이 많든지 적든지 잠을 달게 자거니와 부자는 그 부요함 때문에 자지 못하느니라

5:13 내가 해 아래에서 큰 폐단 되는 일이 있는 것을 보았나니 곧 소유주가 재물을 자기에게 해가 되도록 소유하는 것이라

5:17 일평생을 어두운 데에서 먹으며 많은 근심과 질병과 분노가 그에게 있느니라

디모데후서 1장 | 은혜와 사명

1:4 네 눈물을 생각하여 너 보기를 원함은 내 기쁨이 가득하게 하려 함이니

1:5 이는 네 속에 거짓이 없는 믿음이 있음을 생각함이라 이 믿음은 먼저 네 외조모 로이스와 네 어머니 유니게 속에 있더니 네 속에도 있는 줄을 확신하노라

1:6 그러므로 내가 나의 안수함으로 네 속에 있는 하나님의 은사를 다시 불일듯 하게 하기 위하여 너로 생각하게 하노니

1:10 이제는 우리 구주 그리스도 예수의 나타나심으로 말미암아 나타났으니 그는 사망을 폐하시고 복음으로써 생명과 썩지 아니할 것을 드러내신지라

1:15 아시아에 있는 모든 사람이 나를 버린 이 일을 네가 아나니 그 중에는 부겔로와 허모게네도 있느니라

1:16 원하건대 주께서 오네시보로의 집에 긍휼을 베푸시옵소서 그가 나를 자주 격려해 주고 내가 사슬에 매인 것을 부끄러워하지 아니하고

1:17 로마에 있을 때에 나를 부지런히 찾아와 만났음이라

묵상 가이드

레 22 하나님께서는 제사장의 몫으로 주어진 성물을 먹을 수 있는 자와 그렇지 못한 자의 기준을 마련해 주신다. 또 희생제물로 합당하지 못한 것을 분명하게 일러주심으로써 행여 사람에게조차 필요없는 짐승을 하나님께 드리는 불경죄를 짓지 않도록 주지시킨다. 만물의 주인이신 하나님께 가장 좋은 것을 드리는 것이 주를 섬기는 자의 마땅한 자세이다.

시 28-29 28편은 다윗이 압살롬의 반역을 피해 도주했던 상황을 배경으로 한 시로 어떤 어려움 소에서도 흔들리지 않는 신앙을 보여준다. 29편은 여호와의 위엄과 권능을 찬양한 경배시로서 특히 대자연을 통치하시는 하나님의 권능을 노래했다는 점에서 시편 19편과 짝을 이룬다.

전 5 전도자는 이제 관심을 돌려 하나님을 알지만 그릇되게 신앙 생활하는 일련의 자세 즉 잘못된 예배나 기도, 서원에 대해 지적하고 훈계한다. 그리고 후반부에 이르러서는 재물에 탐닉하지 말고 바른 재물관을 갖도록 가르친다.

딤후 1 순교를 앞둔 시점에서 마지막으로 보내진 디모데후서는 목회자 디모데를 사랑하는 노 사도의 애잔한 정이 잘 담겨 있다. 바울은 목회자로서의 성실한 자세를 잃지 않는 디모데를 칭찬하면서 에베소에 만연한 거짓 사상에 대항하여 고난을 각오하고 담대히 맞서도록 격려한 뒤 신변 소식을 전한다.

더 깊은 묵상

하나님께서 우리에게 '너희는 내 성호를 속되게 하지 말라'고 하십니다. 성호(聖號)는 거룩한 호칭, 즉 거룩한 이름이란 뜻입니다. 하나님의 거룩한 이름을 속되게 부르지 말라고 하시는 것입니다. 시편 기자도 '여호와께 그의 이름에 합당한 영광을 돌리며 거룩한 옷을 입고 여호와께 예배할지어다'라고 말씀하고 있습니다. 우리는 하나님의 이름을 습관적으로 부르는 것을 피해야 합니다. 거룩한 하나님의 이름은 마음과 뜻과 정성을 다해 불러야 합니다

기도와 적용

말씀기도

❶ 하나님의 거룩하신 이름을 속되게 사용하는 일이 없도록 제 삶과 제 입술을 지켜주소서.

❷ 나의 실수와 허물을 가리기 위해 하나님을 욕되게 하는 일이 없게 하소서.

❸ 능력과 사랑과 절제하는 마음으로 살아가며 주신 사명을 잘 감당할 수 있게 하소서.

나의 적용

오늘의 감사

믿음으로 감사

소망으로 감사

사랑으로 감사

말씀암송

시 29:1 너희 권능 있는 자들아 [ ][ ]과 [ ][ ]을 여호와께 돌리고 돌릴지어다

말씀배경 지식

디모데후서
서신서 중 마지막에 기록된 서신으로서 바울이 2차로 투옥되어 죽음을 눈앞에 둔 상황을 배경으로 기록되었다. 바울의 선교 여정에 대한 회고담과 함께 목회자 디모데를 향한 따뜻한 마음이 잘 드러나 있다. 바울은 복음과 함께 고난을 받으라는 권면과 전도자의 소명을 언급하며, 말세에 나타날 현실에 대비하라고 충고한다. 그리고 그리스도의 재림에 대한 약속을 강조하며 적극적인 자세로 믿음의 선한 싸움을 격려한다.

109 일차 365

4월 19일

하나님 나라 백성의 즐거움

레위기 23장 | 시편 30편 | 전도서 6장 | 디모데후서 2장

말씀 연결 즐거움 (레 23, 시 30)

레위기 23장 | 성회를 통한 즐거움

23:6 이 달 열닷샛날은 여호와의 무교절이니 이레 동안 너희는 무교병을 먹을 것이요

23:10 이스라엘 자손에게 말하여 이르라 너희는 내가 너희에게 주는 땅에 들어가서 너희의 곡물을 거둘 때에 너희의 곡물의 첫 이삭 한 단을 제사장에게로 가져갈 것이요

23:13 그 소제로는 기름 섞은 고운 가루 십분의 이 에바를 여호와께 드려 화제로 삼아 향기로운 냄새가 되게 하고 전제로는 포도주 사분의 일 힌을 쓸 것이며

23:16 일곱 안식일 이튿날까지 합하여 오십 일을 계수하여 새 소제를 여호와께 드리되

23:17 너희의 처소에서 십분의 이 에바로 만든 떡 두 개를 가져다가 흔들지니 이는 고운 가루에 누룩을 넣어서 구운 것이요 이는 첫 요제로 여호와께 드리는 것이며

23:24 이스라엘 자손에게 말하여 이르라 일곱째 달 곧 그 달 첫 날은 너희에게 쉬는 날이 될지니 이는 나팔을 불어 기념할 날이요 성회라

시편 30편 | 즐거움을 주시는 하나님

30:1 여호와여 내가 주를 높일 것은 주께서 나를 끌어내사 내 원수로 하여금 나로 말미암아 기뻐하지 못하게 하심이니이다

30:3 여호와여 주께서 내 영혼을 스올에서 끌어내어 나를 살리사 무덤으로 내려가지 아니하게 하셨나이다

30:5 그의 노염은 잠깐이요 그의 은총은 평생이로다 저녁에는 울음이 깃들일지라도 아침에는 기쁨이 오리로다

30:7 여호와여 주의 은혜로 나를 산 같이 굳게 세우셨더니 주의 얼굴을 가리시매 내가 근심하였나이다

30:11 주께서 나의 슬픔이 변하여 내게 춤이 되게 하시며 나의 베옷을 벗기고 기쁨으로 띠 띠우셨나이다

오늘의 찬양
찬송가 471장 | 주여 나의 병든 몸을

맥체인성경365
625p

말씀 연결 누리며 드려진 일꾼 (전 6, 딤후 2)

전도서 6장 | 누리게 하시는 하나님

6:3 사람이 비록 백 명의 자녀를 낳고 또 장수하여 사는 날이 많을지라도 그의 영혼은 그러한 행복으로 만족하지 못하고 또 그가 안장되지 못하면 나는 이르기를 낙태된 자가 그보다는 낫다 하나니

6:8 지혜자가 우매자보다 나은 것이 무엇이냐 살아 있는 자들 앞에서 행할 줄을 아는 가난한 자에게는 무슨 유익이 있는가

6:9 눈으로 보는 것이 마음으로 공상하는 것보다 나으나 이것도 헛되어 바람을 잡는 것이로다

디모데후서 2장 | 하나님 앞에 드려진 일꾼

2:5 경기하는 자가 법대로 경기하지 아니하면 승리자의 관을 얻지 못할 것이며

2:7 내가 말하는 것을 생각해 보라 주께서 범사에 네게 총명을 주시리라

2:15 너는 진리의 말씀을 옳게 분별하며 부끄러울 것이 없는 일꾼으로 인정된 자로 자신을 하나님 앞에 드리기를 힘쓰라

2:17 그들의 말은 악성 종양이 퍼져나감과 같은데 그 중에 후메내오와 빌레도가 있느니라

2:20 큰 집에는 금 그릇과 은 그릇뿐 아니라 나무 그릇과 질그릇도 있어 귀하게 쓰는 것도 있고 천하게 쓰는 것도 있나니

묵상 가이드

레 23 하나님은 이스라엘 백성들을 향해 대대로 지켜야 할 거룩한 절기를 지시하신다. 즉 안식일, 유월절과 무교절, 초실절, 칠칠절, 초막절 등이 그것이다. 하나님 앞에서 성별된 삶을 살도록 하기 위해 제정된 이 규례는 형식은 사라졌지만 오늘날까지 그 정신은 대대로 이어져야 한다.

시 30 다윗이 말년에 자신의 지나온 생을 돌아보면서 온갖 고난과 질곡의 현상에서 구원하여 주신 하나님의 은혜를 높이 찬양하는 간증시이다.

전 6 전도자는 하나님의 운혜를 입지 못하는 인생이 얼마나 허무한가를 다시 한 번 강조한다. 이런 인생은 재물도, 자손도, 모든 수고도, 장수도 결국 허무하게 된다는 것이다. 전도자는 그 이유가 바로 하나님을 떠났기 때문이라는 허무의 근원적 원인을 다시 지적한다.

딤후 2 바울은 전도자를 군사, 운동 선수, 농부에 비유하면서 전도자가 갖추어야 할 올바른 자세를 교훈한다. 그리고 고난의 필연성을 알리면서 승리하는 자가 얻게 될 영광의 면류관을 상기시킨다. 또한 이단 사설이 난무하는 에베소에서 예수 그리스도의 선한 일꾼이 되도록 당부한다.

더 깊은 묵상

먼 옛날 이스라엘 백성들을 출애굽 시키시고 구원하신 하나님께서 지금도 자기 자녀들과 함께하십니다. 하나님은 초막절을 지키되 안식을 지켜 성회로 모이고 아무 일도 하지 말고 쉬라고 하십니다. 그 이유는 애굽에서 구원하여 내신 하나님을 기억하기 위해서라고 말씀하십니다. 주께서 나의 슬픔이 변하여 내게 춤이 되게 하시며 나의 베옷을 벗기고 기쁨으로 띠 띄우셨습니다. 그 하나님은 지금도 우리가 있는 바로 이곳에서 동행하시며 우리 하나님이 되십니다. 매사에 즐거움으로 항상 기뻐하는 삶을 살아가십시오.

기도와 적용

말씀기도

❶ 언제 어디서나 하나님과 동행하는 하나님의 자녀로 살게 하여 주소서.
❷ 주변의 가난하고 힘없는 사람들의 눈물과 기도에 귀 기울이는 하나님의 자녀가 되게 하소서.
❸ 하나님께서 부르시는 일에 즐거이 헌신하며, 하나님이 주실 것들을 즐거움으로 누리는 삶이 되게 하소서.

나의 적용

오늘의 감사

믿음으로 감사

소망으로 감사

사랑으로 감사

말씀암송

레 23:32 이는 너희가 쉴 □□□이라 너희는 스스로 괴롭게 하고 이 달 아흐렛날 저녁 곧 그 저녁부터 이튿날 저녁까지 □□을 지킬지니라

말씀배경 지식

동해보복법의 근본 정신은 지나친 복수를 금지하는데 있다. 실수로 범죄한 자에게 미칠 가혹한 피해를 막기 위한 자비의 법이다. 훗날 주님은 한 걸음 더 나아가 원수를 갚지 말고 원수를 사랑하며 원수를 하나님께 맡기라고 가르침으로써 동해보복법을 사랑의 법으로 승화시키셨다.

110 일차/365

하나님을 바라보는 삶

4월 20일

레위기 24장 | 시편 31편 | 전도서 7장 | 디모데후서 3장

말씀 연결 밝히는 삶과 담대함 (레 24, 시 31)

레위기 24장 | 등불을 밝히는 삶

24:2 이스라엘 자손에게 명령하여 불을 켜기 위하여 감람을 찧어낸 순결한 기름을 네게로 가져오게 하여 계속해서 등잔불을 켜 둘지며

24:4 그는 여호와 앞에서 순결한 등잔대 위의 등잔들을 항상 정리할지니라

24:5 너는 고운 가루를 가져다가 떡 열두 개를 굽되 각 덩이를 십분의 이 에바로 하여

24:6 여호와 앞 순결한 상 위에 두 줄로 한 줄에 여섯씩 진설하고

24:11 그 이스라엘 여인의 아들이 여호와의 이름을 모독하며 저주하므로 무리가 끌고 모세에게로 가니라 그의 어머니의 이름은 슬로밋이요 단 지파 디브리의 딸이었더라

24:20 상처에는 상처로, 눈에는 눈으로, 이에는 이로 갚을지라 남에게 상해를 입힌 그대로 그에게 그렇게 할 것이며

시편 31편 | 강하고 담대해야 함

31:2 내게 귀를 기울여 속히 건지시고 내게 견고한 바위와 구원하는 산성이 되소서

31:6 내가 허탄한 거짓을 숭상하는 자들을 미워하고 여호와를 의지하나이다

31:8 나를 원수의 수중에 가두지 아니하셨고 내 발을 넓은 곳에 세우셨음이니이다

31:17 여호와여 내가 주를 불렀사오니 나를 부끄럽게 하지 마시고 악인들을 부끄럽게 하사 스올에서 잠잠하게 하소서

31:19 주를 두려워하는 자를 위하여 쌓아 두신 은혜 곧 주께 피하는 자를 위하여 인생 앞에 베푸신 은혜가 어찌 그리 큰지요

오늘의 찬양
찬송가 605장 | 오늘 모여 찬송함은

맥체인성경365
629p

말씀 연결 벗어남과 박해 (전 7, 딤후 3)

전도서 7장 | 모든 일에서 벗어남

7:1 좋은 이름이 좋은 기름보다 낫고 죽는 날이 출생하는 날보다 나으며

7:5 지혜로운 사람의 책망을 듣는 것이 우매한 자들의 노래를 듣는 것보다 나으
니라

7:6 우매한 자들의 웃음 소리는 솥 밑에서 가시나무가 타는 소리 같으니 이것도
헛되니라

7:7 탐욕이 지혜자를 우매하게 하고 뇌물이 사람의 1)명철을 망하게 하느니라

7:16 지나치게 의인이 되지도 말며 지나치게 지혜자도 되지 말라 어찌하여 스스
로 패망하게 하겠느냐

7:22 너도 가끔 사람을 저주하였다는 것을 네 마음도 알고 있느니라

디모데후서 3장 | 박해를 받음

3:1 너는 이것을 알라 말세에 고통하는 때가 이르러

3:6 그들 중에 남의 집에 가만히 들어가 어리석은 여자를 유인하는 자들이 있으
니 그 여자는 죄를 중히 지고 여러 가지 욕심에 끌린 바 되어

3:8 얀네와 얌브레가 모세를 대적한 것 같이 그들도 진리를 대적하니 이 사람들
은 그 마음이 부패한 자요 믿음에 관하여는 버림 받은 자들이라

3:11 박해를 받음과 고난과 또한 안디옥과 이고니온과 루스드라에서 당한 일과
어떠한 박해를 받은 것을 네가 과연 보고 알았거니와 주께서 이 모든 것 가운데
서 나를 건지셨느니라

3:16 모든 성경은 하나님의 감동으로 된 것으로 교훈과 책망과 바르게 함과 의
로 교육하기에 유익하니

묵상 가이드

레 24 성소의 성물을 바르게 관리하는 규정이 소개된다. 특별히 등잔과 진설병의 바른 관리법이 나타나고 있는데 이 성물들은 다른 성물에 비해 특별한 관리가 요구되었기 때문이다. 뿐만 아니라 하나님은 신성을 훼손한 자에 대한 준엄한 형벌과 함께 대인 관계에서 지나친 보복을 통제하는 동해보복법 규정도 언급된다.

시 31 광야 같은 세상에서 승리하고 구원 얻는 유일한 방법은 피난처와 산성 되신 하나님을 절대 의지하고 그분의 보호 아래 머무는 것이라고 노래한다.

전 7 지금까지 인생의 허무함을 주제로 교훈했던 전도자는 이제 반대로 복된 인생에 대해 가르친다. 복된 인생의 핵심은 지혜에 달려 있는데 이런 점에서 먼저 전도자는 지혜로운 인생의 특징을 논하면서 지혜로운 생활의 다양한 사례들을 제시한다.

딤후 3 복음과 더불어 바울은 디모데를 향해 수많은 죄악이 범람할 말세의 위기 상황을 예고하면서 말씀을 붙들고 말씀으로 무장해야 악한 세상에서 승리한다고 교훈하고 있다.

더 깊은 묵상

하나님께서 우리에게 감람나무에서 얻은 순결한 기름으로 항상 등불을 켜라고 말씀합니다. 그것은 세상이 아무리 어두워져도 이곳에 하나님의 공의와 사랑과 평화가 있다는 것을 알리기 위해서입니다. 하나님은 어둠을 탓하기 전에 먼저 그 어둠 속에서 빛을 밝히는 등불이 되라고 말씀하십니다. 나의 생명을 빼앗으려는 논의 앞에서도 강하고 담대함을 유지하며 하나님을 바라보라고 하십니다. 내 생명을 지키시는 분도 하나님이시고, 진실한 자를 지키시고 교만한 자를 벌하시는 분도 하나님이시기 때문입니다.

기도와 적용

말씀기도

❶ 제가 있는 이곳에서 하나님의 사랑과 평화와 공의를 드러내는 빛이 되게 하소서.
❷ 하나님만 바라며 강하고 담대한 믿음으로 하나님을 찬양하고 사랑으로 살아가는 삶이 되게 하소서.
❸ 교훈과 책망과 바르게 함과 의로써 저를 가르치시고 인도하여 주소서.

나의 적용

오늘의 감사

믿음으로 감사

소망으로 감사

사랑으로 감사

말씀암송

딤후 3:16 모든 ☐☐은 하나님의 ☐☐으로 된 것으로 교훈과 책망과 바르게 함과 의로 교육하기에 유익하니

말씀배경 지식

어리석은 여자 (딤후 3:6)
영지주의자들의 그릇된 교훈을 듣고 그것을 진리인줄 알고 동조하는 여자를 말한다. '유인하는'이라는 구절은 성적으로 유혹하는 행위로 해석할 수 있다. 영지주의자들 중에는 구원은 율법의 행위가 아니라 믿음으로 받는다는 사실을 악용하여 도덕(율법)폐기론을 주장하고 방종하는 삶을 사는 자들도 있었다고 한다.

111 일차/365

4월 21일

왕의 명령

레위기 25장 | 시편 32편 | 전도서 8장 | 디모데후서 4장

말씀 연결 자유와 죄의 자복 (레 25, 시 32)

레위기 25장 | 희년을 통한 자유의 명령

25:15 그 희년 후의 연수를 따라서 너는 이웃에게서 살 것이요 그도 소출을 얻을 연수를 따라서 네게 팔 것인즉

25:23 토지를 영구히 팔지 말 것은 토지는 다 내 것임이니라 너희는 거류민이요 동거하는 자로서 나와 함께 있느니라

25:24 너희 기업의 온 땅에서 그 토지 무르기를 허락할지니

25:27 그 판 해를 계수하여 그 남은 값을 산 자에게 주고 자기의 소유지로 돌릴 것이니라

25:29 성벽 있는 성 내의 가옥을 팔았으면 판 지 만 일 년 안에는 무를 수 있나니 곧 그 기한 안에 무르려니와

25:32 레위 족속의 성읍 곧 그들의 소유의 성읍의 가옥은 레위 사람이 언제든지 무를 수 있으나

25:46 너희는 그들을 너희 후손에게 기업으로 주어 소유가 되게 할 것이라 이방인 중에서는 너희가 영원한 종을 삼으려니와 너희 동족 이스라엘 자손은 너희가 피차 엄하게 부리지 말지니라

시편 32편 | 죄의 자복을 명함

32:1 허물의 사함을 받고 자신의 죄가 가려진 자는 복이 있도다

32:6 이로 말미암아 모든 경건한 자는 주를 만날 기회를 얻어서 주께 기도할지라 진실로 홍수가 범람할지라도 그에게 미치지 못하리이다

32:9 너희는 무지한 말이나 노새 같이 되지 말지어다 그것들은 재갈과 굴레로 단속하지 아니하면 너희에게 가까이 가지 아니하리로다

오늘의 찬양
찬송가 415장 | 십자가 그늘 아래

맥체인성경365
634p

말씀 연결 명령 (전 8, 딤후 4)

전도서 8장 | 명령에 대한 태도

8:1 누가 지혜자와 같으며 누가 사물의 이치를 아는 자이냐 사람의 지혜는 그의
얼굴에 광채가 나게 하나니 그의 얼굴의 사나운 것이 변하느니라

8:3 왕 앞에서 물러가기를 급하게 하지 말며 악한 것을 일삼지 말라 왕은 자기가
하고자 하는 것을 다 행함이니라

8:9 내가 이 모든 것들을 보고 해 아래에서 행하는 모든 일을 마음에 두고 살핀
즉 사람이 사람을 주장하여 해롭게 하는 때가 있도다

8:12 죄인은 백 번이나 악을 행하고도 장수하거니와 또한 내가 아노니 하나님을
경외하여 그를 경외하는 자들은 잘 될 것이요

8:17 또 내가 하나님의 모든 행사를 살펴 보니 해 아래에서 행해지는 일을 사람
이 능히 알아낼 수 없도다 사람이 아무리 애써 알아보려고 할지라도 능히 알지
못하나니 비록 지혜자가 아노라 할지라도 능히 알아내지 못하리로다

디모데후서 4장 | 엄한 명령

4:10 데마는 이 세상을 사랑하여 나를 버리고 데살로니가로 갔고 그레스게는 갈라
디아로, 디도는 달마디아로 갔고

4:11 누가만 나와 함께 있느니라 네가 올 때에 마가를 데리고 오라 그가 나의 일에
유익하니라

4:13 네가 올 때에 내가 드로아 가보의 집에 둔 겉옷을 가지고 오고 또 책은 특별히
가죽 종이에 쓴 것을 가져오라

4:16 내가 처음 변명할 때에 나와 함께 한 자가 하나도 없고 다 나를 버렸으나 그들
에게 허물을 돌리지 않기를 원하노라

4:20 에라스도는 고린도에 머물러 있고 드로비모는 병들어서 밀레도에 두었노니

묵상 가이드

레 25 안식년 관리법과 희년 관리법을 소개한다. 이 두 법의 기본 정신은 모든 소유의 원래 주인은 하나님이시며, 하나님의 자비와 긍휼하심을 본받아 이웃에게 사랑을 실천하는 데 있다. 아울러 구약의 안식년과 희년은 신약에서 죄와 사망의 올무에서 자유와 해방의 은총을 베푸사 영원한 하늘 안식을 약속하신 주님의 구원 사역을 예시한다 할 수 있다.

시 32 시편 51편과 같이 다윗과 밧세바의 불륜을 배경으로 하는 회개의 시이다. 비록 죄를 범할지라도 진심으로 참회하는 영혼을 용서하시는 하나님을 보여준다.

전 8 지혜를 추구하는 복된 삶과 지혜로운 생활을 교훈한 전도자는 이제 본장에서 세상 통치자에게 복종하고 하나님의 절대 주권을 인정하라고 권면한다.

딤후 4 성도가 당할 고난의 필연성과 고난을 이기는 비결에 대해 가르친 바울은 본장에 이르러 디모데에게 최선을 다해 복음 전도자로서의 사명을 다하도록 당부하고 평생 일관되게 전도자의 길을 간 자신의 인생을 회상한다. 그리고 마치 죽음을 감지하고 신변을 정리하듯이 주변 인물들을 소개하며, 사적인 당부를 마감한다.

더 깊은 묵상

하나님께서 희년을 선포하시며 모든 포로와 노예들은 자유를 얻고, 빚 때문에 저당 잡히거나 팔렸던 땅들은 원래의 주인에게 돌아가도록 명령하십니다. 명령은 준엄한 것입니다. 특히 왕의 명령은 더욱 그러합니다. 왕이신 하나님의 명령은 그분의 말씀 가운데 분명히 드러납니다. 말씀에 순종하여 '주께 내 죄를 아뢰고 내 죄악을 숨기지 아니하고,' '하나님을 늘 경외하며,' '늘 말씀을 전하는 삶을 사는 것'이 왕의 명령을 따르는 성도의 최선의 삶입니다.

기도와 적용

말씀기도

❶ 우리에게 명하신 자유를 온전히 이루는 삶을 살게 하소서.
❷ 날마다 주 앞에 죄를 자복하고 회개하여 주님의 은혜와 용서를 경험하며 살게 하소서.
❸ 때를 얻든지 못 얻든지 주님의 말씀을 전하는 삶을 살게 하소서.

나의 적용

오늘의 감사

믿음으로 감사

소망으로 감사

사랑으로 감사

말씀암송

전 8:12 죄인은 백 번이나 악을 행하고도 장수하거니와 또한 내가 아노니 하나님을 □□하여 그를 □□하는 자들은 잘 될 것이요

말씀배경 지식

희년 (레 25:10)
'희년'은 원어 '요벨' 즉 '숫양의 뿔'인데 숫양의 뿔나팔을 불어 희년을 선포한 데서 유래된 표현이다. 일곱 안식년 다음해 즉 50년째 되는 해에 지켜졌는데 구체적으로는 일곱 안식년이 있는 해의 7월 10일 대속죄일부터 시작하여 1년 간 지속되었다. 희년에는 경작을 멈추고 토지는 원래 주인에게 환원하였으며, 채무자의 빚은 탕감하고 노예는 해방시켜주어야 했다.

112 일차/365

언약과 계획

4월 22일

레위기 26장 | 시편 33편 | 전도서 9장 | 디도서 1장

말씀 연결 언약과 하나님의 계획 (레 26, 시 33)

레위기 26장 | **언약을 기억하시는 하나님**

26:8 또 너희 다섯이 백을 쫓고 너희 백이 만을 쫓으리니 너희 대적들이 너희 앞
에서 칼에 엎드러질 것이며

26:10 너희는 오래 두었던 묵은 곡식을 먹다가 새 곡식으로 말미암아 묵은 곡식
을 치우게 될 것이며

26:13 나는 너희를 애굽 땅에서 인도해 내어 그들에게 종된 것을 면하게 한 너희
의 하나님 여호와이니라 내가 너희의 멍에의 빗장을 부수고 너희를 바로 서서 걷
게 하였느니라

26:26 내가 너희가 의뢰하는 양식을 끊을 때에 열 여인이 한 화덕에서 너희 떡을
구워 저울에 달아 주리니 너희가 먹어도 배부르지 아니하리라

26:33 내가 너희를 여러 민족 중에 흩을 것이요 내가 칼을 빼어 너희를 따르게
하리니 너희의 땅이 황무하며 너희의 성읍이 황폐하리라

26:34 너희가 원수의 땅에 살 동안에 너희의 본토가 황무할 것이므로 땅이 안식
을 누릴 것이라 그 때에 땅이 안식을 누리리니

26:46 이것은 여호와께서 시내 산에서 자기와 이스라엘 자손 사이에 모세를 통
하여 세우신 규례와 법도와 율법이니라

시편 33편 | **영원한 하나님의 계획**

33:2 수금으로 여호와께 감사하고 열 줄 비파로 찬송할지어다

33:3 새 노래로 그를 노래하며 즐거운 소리로 아름답게 연주할지어다

33:7 그가 바닷물을 모아 무더기 같이 쌓으시며 깊은 물을 곳간에 두시도다

33:15 그는 그들 모두의 마음을 지으시며 그들이 하는 일을 굽어살피시는 이로다

33:17 구원하는 데에 군마는 헛되며 군대가 많다 하여도 능히 구하지 못하는도
다

오늘의 찬양
찬송가 204장 | 주의 말씀 듣고서

맥체인성경365
639p

말씀 연결 하나님 손과 세움 (전 9, 딛 1)

전도서 9장 | 모두가 하나님의 손 안에 있음

9:2 모든 사람에게 임하는 그 모든 것이 일반이라 의인과 악인, 선한 자와 깨끗한
자와 깨끗하지 아니한 자, 제사를 드리는 자와 제사를 드리지 아니하는 자에게
일어나는 일들이 모두 일반이니 선인과 죄인, 맹세하는 자와 맹세하기를 무서워
하는 자가 일반이로다

9:7 너는 가서 기쁨으로 네 음식물을 먹고 즐거운 마음으로 네 포도주를 마실지
어다 이는 하나님이 네가 하는 일들을 벌써 기쁘게 받으셨음이니라

9:11 내가 다시 해 아래에서 보니 빠른 경주자들이라고 선착하는 것이 아니며
용사들이라고 전쟁에 승리하는 것이 아니며 지혜자들이라고 음식물을 얻는 것
도 아니며 명철자들이라고 재물을 얻는 것도 아니며 지식인들이라고 은총을 입
는 것이 아니니 이는 시기와 기회는 그들 모두에게 임함이니라

9:13 내가 또 해 아래에서 지혜를 보고 내가 크게 여긴 것이 이러하니

9:14 곧 작고 인구가 많지 아니한 어떤 성읍에 큰 왕이 와서 그것을 에워싸고 큰
흉벽을 쌓고 치고자 할 때에

디도서 1장 | 사람을 세움

1:1 하나님의 종이요 예수 그리스도의 사도인 나 바울이 사도 된 것은 하나님이 택
하신 자들의 믿음과 경건함에 속한 진리의 지식과

1:3 자기 때에 자기의 말씀을 전도로 나타내셨으니 이 전도는 우리 구주 하나님이
명하신 대로 내게 맡기신 것이라

1:4 같은 믿음을 따라 나의 참 아들 된 디도에게 편지하노니 하나님 아버지와 그리
스도 예수 우리 구주로부터 은혜와 평강이 네게 있을지어다

1:5 내가 너를 그레데에 남겨 둔 이유는 남은 일을 정리하고 내가 명한 대로 각 성
에 장로들을 세우게 하려 함이니

1:7 감독은 하나님의 청지기로서 책망할 것이 없고 제 고집대로 하지 아니하며 급
히 분내지 아니하며 술을 즐기지 아니하며 구타하지 아니하며 더러운 이득을 탐하
지 아니하며

묵상 가이드

레 26 지금까지 주신 하나님의 규례에 순종하는 자가 받을 축복과 순종하지 않는 자에게 임할 저주의 형벌이 언급된다. 그러나 이 형벌마저도 궁극적으로는 불순종하는 자를 징계하사 죄악에서 돌이키기를 원하시는 하나님의 사랑의 채찍임을 잊지 말아야 한다.

시 33 세상을 창조하시고 다스리시는 하나님을 경배하는 찬양시이다. 시인은 창조주 하나님이 위로자요 구원자이시며 인도자가 되심을 노래한다.

전 9 전도자는 전반부에서 어떤 인생도 비껴갈 수 없는 죽음의 문제를 거론하면서 그러나 죽음이 이르기 전까지 세상에서 하나님이 주신 복된 삶을 아름답고 즐겁게 살도록 권면한다. 그리고 그 비결은 인생의 주관자이신 주님을 의지함으로써 가능하다고 가르친다.

딛 1 디도서는 젊은 목회자 디도에게 목회 지침을 가르칠 목적으로 기록되었다. 바울은 교회를 다스리고 지도할 장로의 자격 요건을 말하면서 그레데에 만연한 거짓 교사들의 실체를 알려주고 이들 이단을 경계하도록 당부한다.

더 깊은 묵상

하나님은 언약의 하나님이십니다. 하나님은 우리에게 말씀으로 약속해 주시고, 그 약속을 반드시 이루시는 하나님이십니다. 때로 우리의 생각에는 하나님의 언약이 지켜지지 않는 것 같기도 하고, 너무 늦게 지켜지는 것 같기도 합니다. 그것은 하나님의 시간과 우리의 시간이 다르기 때문입니다. 개인과 교회와 인류를 향하신 하나님의 계획하심이 분명히 드러난 언약의 말씀을 믿음으로 묵상해야 합니다. 하나님의 언약을 보면 하나님의 계획이 보입니다. 마음에 계획은 우리가 세울지라도 우리의 미래를 인도하시는 분은 오직 하나님 한 분이심을 신뢰해야 합니다.

기도와 적용

말씀기도

❶ 인내하며 기다리며 하나님의 언약이 성취되는 것을 소망하게 하여 주소서.
❷ 모든 계획의 중심, 모든 소망의 미래는 내가 아닌 하나님이 있음을 늘 잊지 않게 하소서.
❸ 입술로나 행위로나 늘 하나님의 사랑과 공의를 실천하는 삶을 살게 하소서.

나의 적용

오늘의 감사

믿음으로 감사

소망으로 감사

사랑으로 감사

말씀암송

레 26:46 이것은 여호와께서 ☐☐ 산에서 자기와 이스라엘 자손 사이에 모세를 통하여 세우신 ☐☐와 ☐와 ☐☐이니라

말씀배경 지식

디도 (딛 1:4)
'디도'는 바울의 복음 사역 초기에 회심한 헬라인이다. 안디옥 교회의 대표로 예루살렘 총회에 참석하였다. 바울 서신을 고린도 교회에 전달하고 교회 문제를 해결하며, 그레데 교회를 담임하였다. 나중에 달마디아에서 복음 사역에 헌신하였다.

113 일차/365

신중함

4월 23일

레위기 27장 | 시편 34편 | 전도서 10장 | 디도서 2장

말씀 연결 값과 찾음에 신중함 (레 27, 시 34)

레위기 27장 | 값을 정하는 데 있어서 신중함

27:2 이스라엘 자손에게 말하여 이르라 만일 어떤 사람이 사람의 값을 여호와께 드리기로 분명히 서원하였으면 너는 그 값을 정할지니

27:3 네가 정한 값은 스무 살로부터 예순 살까지는 남자면 성소의 세겔로 은 오십 세겔로 하고

27:14 만일 어떤 사람이 자기 집을 성별하여 여호와께 드리려하면 제사장이 그 우열간에 값을 정할지니 그 값은 제사장이 정한 대로 될 것이며

27:16 만일 어떤 사람이 자기 기업된 밭 얼마를 성별하여 여호와께 드리려하면 마지기 수대로 네가 값을 정하되 보리 한 호멜지기에는 은 오십 세겔로 계산할지며

27:25 또 네가 정한 모든 값은 성소의 세겔로 하되 이십 게라를 한 세겔로 할지니라

27:26 오직 가축 중의 처음 난 것은 여호와께 드릴 첫 것이라 소나 양은 여호와의 것이니 누구든지 그것으로는 성별하여 드리지 못할 것이며

27:32 모든 소나 양의 십일조는 목자의 지팡이 아래로 통과하는 것의 열 번째의 것마다 여호와의 성물이 되리라

시편 34편 | 여호와를 찾음에서 신중함

34:6 이 곤고한 자가 부르짖으매 여호와께서 들으시고 그의 모든 환난에서 구원하셨도다

34:8 너희는 여호와의 선하심을 맛보아 알지어다 그에게 피하는 자는 복이 있도다

34:11 너희 자녀들아 와서 내 말을 들으라 내가 여호와를 경외하는 법을 너희에게 가르치리로다

34:13 네 혀를 악에서 금하며 네 입술을 거짓말에서 금할지어다

34:20 그의 모든 뼈를 보호하심이여 그 중에서 하나도 꺾이지 아니하도다

오늘의 찬양
찬송가 323장 | 부름 받아 나선 이 몸

맥체인성경365
644p

말씀 연결 주권자와 백성으로서의 신중함 (전 10, 딛 2)

전도서 10장 | 주권자에 대한 신중함

10:1 죽은 파리들이 향기름을 악취가 나게 만드는 것 같이 적은 우매가 지혜와 존귀를 난처하게 만드느니라

10:2 지혜자의 마음은 오른쪽에 있고 우매자의 마음은 왼쪽에 있느니라

10:6 우매한 자가 크게 높은 지위들을 얻고 부자들이 낮은 지위에 앉는도다

10:12 지혜자의 입의 말들은 은혜로우나 우매자의 입술들은 자기를 삼키나니

10:15 우매한 자들의 수고는 자신을 피곤하게 할 뿐이라 그들은 성읍에 들어갈 줄도 알지 못함이니라

10:16 왕은 어리고 대신들은 아침부터 잔치하는 나라여 네게 화가 있도다

10:19 잔치는 희락을 위하여 베푸는 것이요 포도주는 생명을 기쁘게 하는 것이나 돈은 범사에 이용되느니라

디도서 2장 | 선한 일을 하는 하나님의 백성으로서의 신중함

2:9 종들은 자기 상전들에게 범사에 순종하여 기쁘게 하고 거슬러 말하지 말며

2:13 복스러운 소망과 우리의 크신 하나님 구주 예수 그리스도의 영광이 나타나심을 기다리게 하셨으니

2:14 그가 우리를 대신하여 자신을 주심은 모든 불법에서 우리를 속량하시고 우리를 깨끗하게 하사 선한 일을 열심히 하는 자기 백성이 되게 하려 하심이라

묵상 가이드

레 27 하나님께 드리는 각종 헌물의 서원에 대한 규례를 아주 상세하게 기록하고 있다. 어떤 경우에 서원한 것을 드릴 수 있는지를 규정하고 있다. 동시에 십일조 규례도 언급되는데 이는 행여 십일조까지 분별없이 서원 예물로 드리는 실수를 방지하기 위함이다. 하나님께 드리기로 작정된 십일조는 서원 예물과 구별되어야 하는데 이는 오늘날 헌금 생활에 대한 분명한 잣대가 된다.

시 34 다윗이 사울의 추격을 피해 블레셋인의 땅으로 망명했을 때를 배경으로 한다. 하나님은 모든 인생이 의지할 분이시오, 지금도 당신의 백성을 다정한 사랑과 지극한 관심으로 돌아보고 계신 분이심을 보여준다.

전 10 우매자와 지혜자의 특징을 비교하고 우매자가 잠깐은 번성하는 것 같지만 궁극적으로는 지혜자가 하나님께 인정을 받게 된다는 사실을 상기시킨다. 그러나 이 제반 내용들이 상당 부분이 통치자를 겨냥하고 있음은 의미심장하다.

딛 2 게르데 사람들의 게으르고 악한 특성을 상기시킨 바울은 본격적으로 이들을 어떻게 양육시킬 것인지를 고민하면서 각 계층별로 지침을 제시한다. 그리고 양육의 비법은 교육 등 인간적인 기술이 아니라 오직 하나님의 충만한 사랑과 은혜를 덧입는 것임을 상기시킨다.

더 깊은 묵상

오늘 말씀에서는 서원 예물을 드리는 법과 십일조 등 주로 율법적인 부분들에 대한 말씀들을 기록하고 있는데, 자세히 들여다보면 우리를 보살피시는 하나님의 배려와 사랑을 볼 수 있습니다. 여기에서 사랑의 뜻이 '살핌' 또는 '배려'라고 말씀하고 있는 것입니다. 하나님이 우리를 사랑으로 보살펴 주실 때 무엇보다 먼저 우리 마음의 중심을 살피고, 입술을 살펴야 합니다. 성도는 신중해야 합니다. 우리의 입술은 사람의 마음을 살리기도 하고 죽이기도 하기 때문입니다.

기도와 적용

말씀기도

❶ 가난한 사람과 의인의 편에 서 힘이 되게 하시고, 그들과 함께 하나님께 기도하는 사람이 되게 하소서.
❷ 입술에 주의 천사로 파수꾼을 세워서 말로 사람과 하나님께 상처 주지 않게 하소서.
❸ 하나님의 선한 일을 함에 신중히 할 수 있는 믿음을 주소서.

나의 적용

오늘의 감사

믿음으로 감사

소망으로 감사

사랑으로 감사

말씀암송

시 34:6 이 곤고한 자가 부르짖으매 여호와께서 들으시고 그의 모든 □□에서 □□하셨도다

말씀배경 지식

토지를 서원한 자의 규례 (레 27장)
희년으로부터 드릴 경우, 보리 한 호멜지기에 은 50세겔, 희년 후부터 드릴 경우, 다음 희년까지 남은 연수를 계산하여 정가에서 감산하고, 토지를 무를 경우, 토지 금액의 5분의 1을 가산되며, 토지를 타인에게 판 경우는, 희년에 제사장 기업이 되며, 토지를 사서 서원한 경우, 해당 금액을 일시불로 드리고 토지는 희년에 원주인에게 귀속된다.

114 일차/365

4월 24일

하나님의 구원하심의 섭리

민수기 1장 | 시편 35편 | 전도서 11장 | 디도서 3장

말씀 연결 계수와 도우심 (민 1, 시 35)

민수기 1장 | 군대의 계수

1:1 이스라엘 자손이 애굽 땅에서 나온 후 둘째 해 둘째 달 첫째 날에 여호와께서 시내 광야 회막에서 모세에게 말씀하여 이르시되

1:2 너희는 이스라엘 자손의 모든 회중 각 남자의 수를 그들의 종족과 조상의 가문에 따라 그 명수대로 계수할지니

1:3 이스라엘 중 이십 세 이상으로 싸움에 나갈 만한 모든 자를 너와 아론은 그 진영별로 계수하되

1:4 각 지파의 각 조상의 가문의 우두머리 한 사람씩을 너희와 함께 하게 하라

1:19 여호와께서 모세에게 명령하신 대로 그가 시내 광야에서 그들을 계수하였더라

1:20 이스라엘의 장자 르우벤의 아들들에게서 난 자를 그들의 종족과 조상의 가문에 따라 이십 세 이상으로 싸움에 나갈 만한 각 남자를 그 명수대로 다 계수하니

1:50 그들에게 증거의 성막과 그 모든 기구와 그 모든 부속품을 관리하게 하라 그들은 그 성막과 그 모든 기구를 운반하며 거기서 봉사하며 성막 주위에 진을 칠지며

시편 35편 | 하나님의 도우심

35:5 그들을 바람 앞에 겨와 같게 하시고 여호와의 천사가 그들을 몰아내게 하소서

35:8 멸망이 순식간에 그에게 닥치게 하시며 그가 숨긴 그물에 자기가 잡히게 하시며 멸망 중에 떨어지게 하소서

35:13 나는 그들이 병 들었을 때에 굵은 베 옷을 입으며 금식하여 내 영혼을 괴롭게 하였더니 내 기도가 내 품으로 돌아왔도다

35:16 그들은 연회에서 망령되이 조롱하는 자 같이 나를 향하여 그들의 이를 갈도다

35:18 내가 대회 중에서 주께 감사하며 많은 백성 중에서 주를 찬송하리이다

35:28 나의 혀가 주의 의를 말하며 종일토록 주를 찬송하리이다

오늘의 찬양
찬송가 353장 | 십자가 군병 되어서

맥체인성경365
648p

말씀 연결 섭리와 구원 (전 11, 딛 3)

전도서 11장 | 하나님의 섭리

11:1 너는 네 떡을 물 위에 던져라 여러 날 후에 도로 찾으리라

11:2 일곱에게나 여덟에게 나눠 줄지어다 무슨 재앙이 땅에 임할는지 네가 알지
못함이니라

11:4 풍세를 살펴보는 자는 파종하지 못할 것이요 구름만 바라보는 자는 거두지
못하리라

11:6 너는 아침에 씨를 뿌리고 저녁에도 손을 놓지 말라 이것이 잘 될는지, 저것
이 잘 될는지, 혹 둘이 다 잘 될는지 알지 못함이니라

11:8 사람이 여러 해를 살면 항상 즐거워할지로다 그러나 캄캄한 날들이 많으리
니 그 날들을 생각할지로다 다가올 일은 다 헛되도다

11:9 청년이여 네 어린 때를 즐거워하며 네 청년의 날들을 마음에 기뻐하여 마
음에 원하는 길들과 네 눈이 보는 대로 행하라 그러나 하나님이 이 모든 일로 말
미암아 너를 심판하실 줄 알라

디도서 3장 | 중생의 씻음과 성령의 새롭게 하심으로 인한 구원

3:5 우리를 구원하시되 우리가 행한 바 의로운 행위로 말미암지 아니하고 오직 그
의 긍휼하심을 따라 중생의 씻음과 성령의 새롭게 하심으로 하셨나니

3:7 우리로 그의 은혜를 힘입어 의롭다 하심을 얻어 영생의 소망을 따라 상속자가
되게 하려 하심이라

3:8 이 말이 미쁘도다 원하건대 너는 이 여러 것에 대하여 굳세게 말하라 이는 하
나님을 믿는 자들로 하여금 조심하여 선한 일을 힘쓰게 하려 함이라 이것은 아름다
우며 사람들에게 유익하니라

3:9 그러나 어리석은 변론과 족보 이야기와 분쟁과 율법에 대한 다툼은 피하라 이
것은 무익한 것이요 헛된 것이니라

3:10 이단에 속한 사람을 한두 번 훈계한 후에 멀리하라

3:11 이러한 사람은 네가 아는 바와 같이 부패하여 스스로 정죄한 자로서 죄를 짓
느니라

묵상 가이드

민 1 출애굽한 이스라엘이 약 1년간 머물던 시내 산을 출발하기 전 하나님의 명령으로 인구조사를 실시하는 장면이다. 이 조사는 광야 여행을 효율적으로 진행하고 군대 체제로 개편해 가나안 정복 전쟁을 효과적으로 수행하기 위해 실시되었다.

시 35 다윗의 피난 시절을 배경으로 한다. 시인은 원수들에 대한 하나님의 궁극적인 심판을 기원함으로써 자신이 원수를 직접 처단하지 않고 심판주이신 하나님께 맡기고 있다.

전 11 전도자는 하나님의 백성이 세상을 사는 동안 지켜야 할 삶의 지혜를 가르친다. 그것은 베푸는 지혜, 기회를 아는 지혜, 인간의 한계를 깨닫는 지혜, 청년들이 마땅히 배워야 할 지혜이다.

딛 3 각계각층의 성도들을 어떻게 양육해야 할지 목회 지침을 제사한 바울은 이제 불신 세상을 살아가는 성도들을 향해 그리스도인으로서 모범적인 삶을 살도록 권면하면서 불신자에 대해, 이단에 대해 어떤 태도를 취해야 할지 교훈한다. 그리고 마지막으로 디도에게 당부와 문안 인사를 하고 글을 마친다.

더 깊은 묵상

오늘 말씀에서는 하나님께서 모세와 아론에게 이스라엘 자손 중에서 싸움에 나갈 이십 세 이상의 남자를 계수하라고 말씀하십니다. 하나님이 약속하신 땅을 싸워서 정복하기 위함입니다. 우리의 구원이 의로운 행위가 아니라 하나님의 긍휼하심이 부어져 은혜로 되었지만, 예수님을 믿고 구원받은 우리도 이 세상 가운데 하나님 나라를 이루기 위해 싸움을 계속해 나가야 합니다. 출애굽이 끝이 아니라 가나안 땅을 정복하는 일이 남아 있듯이, 구원도 끝이 아니라 하나님 나라를 이루어가는 과정입니다.

기도와 적용

말씀기도

❶ 예수님을 믿고 구원받았다고 교만하지 않게 하소서.
❷ 이 땅 위에서 싸우는 영적 싸움이 나만의 싸움이 아니라 하나님의 싸움이기도 함을 잊지 않게 하소서.
❸ 범사에 온유함을 모든 사람에게 하나님 나라를 나타낼 수 있도록 일상 가운데 함께 하소서.

나의 적용

오늘의 감사

믿음으로 감사

소망으로 감사

사랑으로 감사

말씀암송

딛 3:7 우리로 그의 [ ][ ]를 힘입어 의롭다 하심을 얻어 영생의 [ ][ ]을 따라 상속자가 되게 하려 하심이라

말씀배경 지식

인구조사 (민 1장)
각각 지파별 남자들의 숫자를 보면, 르우벤 지파 46,500명, 시므온 지파 59,300명, 갓 지파 45,650명, 유다 지파 74,600명, 잇사갈 지파 54,400명, 스불론 지파, 57,400명, 에브라임 지파 40,500명, 므낫세 지파 32,200명, 베냐민 지파 35,400명, 단 지파 63,700명, 아셀 지파 41,500명, 납달리 지파 53,400명 등이다. 순위로는 유다 지파가 가장 많은 숫자를 나타낸다.

나머지 문제는 모두 하나님께

주께서 너희 마음을 인도하여 하나님의 사랑과 그리스도의 인내에 들어가게 하시기를 원하노라 (살후 3:5)

나폴레옹Napoleon Bonaparte의 군대가 펠드리히를 포위하였다. 시의회 의원들은 비상의회를 소집해서 미리 항복하자는 의견을 개진하였다. 그때, 한 사제가 일어나 말하였다.

"우리의 힘을 의지한다면 질 수밖에 없으나 하나님은 우리를 구해주십니다. 부활절인 오늘은 예정대로 교회 종을 치고 예배를 드립시다. 그리고 나머지 문제는 모두 하나님께 맡겨버립시다."

사제의 말에 시의회 의원들은 모두 찬성하여 우렁찬 종소리가 울리고, 기쁨에 찬 찬송 소리가 퍼져 나가 펠드리히 시내를 덮고 있었다. 그리고 어느 덧, 시민들의 가슴에서 두려움을 몰아내 주었다.

이 찬송 소리를 들은 프랑스군 진영에서는 오스트리아의 구원병이 온 것이 틀림없다고 판단하여 군대를 돌려 다른 곳으로 퇴각하였다.

본문의 묵상을 위한 주제어

1. 너희 마음을 : 성령님이 마음에 역사할 때, 가르침에 순종하게 된다.
2. 하나님의 사랑 : 나를 향한 그의 사랑, 응답으로서 우리의 사랑이다.
3. 그리스도의 인내 : 예수님을 향한 성도의 인내를 보여드려야 한다.

기도: 말씀을 즐거워하고, 그대로 사는 한 날이 되게 하시옵소서.

115 일차/365

4월 25일

사람의 본

민수기 2장 | 시편 36편 | 전도서 12장 | 빌레몬서 1장

말씀 연결 군대 배치와 주의 인자 (민 2, 시 36)

민수기 2장 | 계수된 군대의 배치

2:17 그 다음에 회막이 레위인의 진영과 함께 모든 진영의 중앙에 있어 행진하
되 그들의 진 친 순서대로 각 사람은 자기의 위치에서 자기들의 기를 따라 앞으
로 행진할지니라

2:18 서쪽에는 에브라임의 군대의 진영의 군기가 있을 것이라 에브라임 자손의
지휘관은 암미훗의 아들 엘리사마요

2:25 북쪽에는 단 군대 진영의 군기가 있을 것이라 단 자손의 지휘관은 암미삿
대의 아들 아히에셀이요

시편 36편 | 주의 인자하심

36:5 여호와여 주의 인자하심이 하늘에 있고 주의 진실하심이 공중에 사무쳤으며

36:9 진실로 생명의 원천이 주께 있사오니 주의 빛 안에서 우리가 빛을 보리이다

오늘의 찬양
찬송가 351장 | 믿는 사람들은 주의 군사니

맥체인성경365
653p

말씀 연결 본분과 사랑 (전 12, 몬 1)

전도서 12장 | 사랑의 본분

12:1 너는 청년의 때에 너의 창조주를 기억하라 곧 곤고한 날이 이르기 전에, 나
는 아무 낙이 없다고 할 해들이 가깝기 전에

12:11 지혜자들의 말씀들은 찌르는 채찍들 같고 회중의 스승들의 말씀들은 잘
박힌 못 같으니 다 한 목자가 주신 바이니라

12:13 일의 결국을 다 들었으니 하나님을 경외하고 그의 명령들을 지킬지어다
이것이 모든 사람의 본분이니라

빌레몬서 1장 | 유익한 사랑받는 자

1:2 자매 압비아와 우리와 함께 병사 된 아킵보와 네 집에 있는 교회에 편지하노니

1:10 갇힌 중에서 낳은 아들 오네시모를 위하여 네게 간구하노라

1:15 아마 그가 잠시 떠나게 된 것은 너로 하여금 그를 영원히 두게 함이리니

1:17 그러므로 네가 나를 동역자로 알진대 그를 영접하기를 내게 하듯 하고

1:20 오 형제여 나로 주 안에서 너로 말미암아 기쁨을 얻게 하고 내 마음이 그리스
도 안에서 평안하게 하라

1:21 나는 네가 순종할 것을 확신하므로 네게 썼노니 네가 내가 말한 것보다 더 행
할 줄을 아노라

1:24 또한 나의 동역자 마가, 아리스다고, 데마, 누가가 문안하느니라

묵상 가이드

민 2 인구조사 후 이스라엘은 성막을 중심으로 한 열두 지파의 진영 편성과 광야 행진 시의 행군 순서를 지정한다. 성막이란 하나님의 임재 처소이다. 성막을 중심으로 진영을 배치한다는 것은 하나님 중심의 인생만이 가나안에 입성할 수 있다는 진리를 깨우쳐준다.

시 36 여호와 하나님을 온전히 신앙하는 시인은 이 땅에 존재하는 악인들의 불의한 실상을 바라보며 당신을 온전히 의지하는 자에게 안전과 풍족함을 허락하시는 하나님을 찬양한다.

전 12 다양한 경험을 통해 인생의 허무함을 상기시킨 전도자는 결론적으로 창조자를 기억하고 하나님을 경외하는 것이 인생의 본분이요 행복의 비결임을 단언하며 전도서를 끝맺는다.

몬 1 바울 서신 중 가장 짧으면서도 개인 편지의 성격이 강한 빌레몬서는 주인 빌레몬의 것을 훔쳐 로마로 도주했다가 바울을 통해 회심한 오네시모를 다시 주인에게 돌려보내면서 선처를 부탁하기 위해 기록되었다. 바울은 먼저 빌레몬에게 문안하면서 그의 믿음을 칭찬한 후 사도의 권위가 아닌 신뢰를 바탕으로 한 개인 차원에서 오네시모를 위해 간절히 청원한다.

더 깊은 묵상

하나님을 기억하고 경외하며 그의 명령들을 지키는 것이 사람의 본분이라는 말씀합니다. 전도서의 저자이며 세상의 모든 부귀영화와 지혜와 권력을 누려보았던 솔로몬 왕이 궁극적으로 이야기하는 사람의 본문이 여호와 하나님께로 돌아가는 것이라고 이야기합니다. 사람은 있어야 할 자리에 있어야 합니다. 지계석을 정하신 하나님의 섭리를 따르는 것입니다. 사람은 하나님을 경외하는 본분을 힘써 지킴으로 자신의 자리를 유지해야 합니다.

기도와 적용

말씀기도

❶ 늘 주님과 함께하는 주님의 자녀가 되게 하소서.
❷ 어려운 사람들과 늘 함께하고, 힘든 사람들에게 먼저 손 내미는 사람이 되게 하소서.
❸ 이 세상의 어둠을 밝혀주는 주의 빛이 되게 하소서.

나의 적용

오늘의 감사

믿음으로 감사

소망으로 감사

사랑으로 감사

말씀암송

시 36:9 진실로 생명의 원천이 주께 있사오니 주의 [ ] 안에서 우리가 [ ]을 보리이다

말씀배경 지식

빌레몬 (1:1)
빌레몬은 이 서신의 수신자이다. 골로새 출신의 부자로 오네시모의 주인이었다. 바울이 3차 선교 여행 때 에베소에서 복음을 듣고 회심한 자로 추정된다. 후에 자기 집을 골로새 성도에게 예배 처소로 제공하였던 자이다.

116 일차/365

뛰어난 예수님

4월 26일

민수기 3장 | 시편 37편 | 아가 1장 | 히브리서 1장

말씀 연결 구별된 자와 여호와를 바라는 씨들 (민 3, 시 37)

민수기 3장 | 구별된 자들

3:7 그들이 회막 앞에서 아론의 직무와 온 회중의 직무를 위하여 회막에서 시무하되

3:12 보라 내가 이스라엘 자손 중에서 레위인을 택하여 이스라엘 자손 중에 태를 열어 태어난 모든 맏이를 대신하게 하였은즉 레위인은 내 것이라

3:15 레위 자손을 그들의 조상의 가문과 종족을 따라 계수하되 일 개월 이상된 남자를 다 계수하라

3:26 뜰의 휘장과 및 성막과 제단 사방에 있는 뜰의 휘장 문과 그 모든 것에 쓰는 줄들이니라

3:32 제사장 아론의 아들 엘르아살은 레위인의 지휘관들의 어른이 되고 또 성소를 맡을 자를 통할할 것이니라

3:38 성막 앞 동쪽 곧 회막 앞 해 돋는 쪽에는 모세와 아론과 아론의 아들들이 진을 치고 이스라엘 자손의 직무를 위하여 성소의 직무를 수행할 것이며 외인이 가까이 하면 죽일지니라

시편 37편 | 여호와를 바라보는 씨들의 자세와 그들에게 주시는 열매

37:2 그들은 풀과 같이 속히 베임을 당할 것이며 푸른 채소 같이 쇠잔할 것임이로다

37:5 네 길을 여호와께 맡기라 그를 의지하면 그가 이루시고

37:9 진실로 악을 행하는 자들은 끊어질 것이나 여호와를 소망하는 자들은 땅을 차지하리로다

37:11 그러나 온유한 자들은 땅을 차지하며 풍성한 화평으로 즐거워하리로다

37:18 여호와께서 온전한 자의 날을 아시나니 그들의 기업은 영원하리로다

37:20 악인들은 멸망하고 여호와의 원수들은 어린 양의 기름 같이 타서 연기가 되어 없어지리로다

37:23 여호와께서 사람의 걸음을 정하시고 그의 길을 기뻐하시나니

37:27 악에서 떠나 선을 행하라 그리하면 영원히 살리니

37:33 여호와는 그를 악인의 손에 버려 두지 아니하시고 재판 때에도 정죄하지 아니하시리로다

오늘의 찬양
찬송가 288장 | 예수를 나의 구주 삼고

맥체인성경365
656p

말씀 연결 사랑함과 말씀 (아 1, 히 1)

아가 1장 | 사랑함

1:1 솔로몬의 아가라

1:2 내게 입맞추기를 원하니 네 사랑이 포도주보다 나음이로구나

1:5 예루살렘 딸들아 내가 비록 검으나 아름다우니 게달의 장막 같을지라도 솔
로몬의 휘장과도 같구나

1:12 왕이 침상에 앉았을 때에 나의 나도 기름이 향기를 뿜어냈구나

1:14 나의 사랑하는 자는 내게 엔게디 포도원의 고벨화 송이로구나

1:15 내 사랑아 너는 어여쁘고 어여쁘다 네 눈이 비둘기 같구나

히브리서 1장 | 아들이신 예수를 통해 말씀하심

1:2 이 모든 날 마지막에는 아들을 통하여 우리에게 말씀하셨으니 이 아들을 만유
의 상속자로 세우시고 또 그로 말미암아 모든 세계를 지으셨느니라

1:4 그가 천사보다 훨씬 뛰어남은 그들보다 더욱 아름다운 이름을 기업으로 얻으
심이니

1:14 모든 천사들은 섬기는 영으로서 구원 받을 상속자들을 위하여 섬기라고 보내
심이 아니냐

묵상 가이드

민 3 병역이 면제된 레위 자손이 이스라엘을 대표하여 제사장이나 일반 성막 봉사자로 일하게 된 사실과 레위 지파 내 각 가문의 직무와 인구수 점검 및 레위인보다 273명 많은 이스라엘 장자들의 속건에 관한 내용이 소개된다. 한편 이스라엘 장자들을 속한 레위인의 역할은 궁극적으로 메시야의 대속 사역을 예표한다.

시 37 세상에서 잠시 악인이 형통하고 번성하는 것에 대한 답을 주는 일종의 지혜시이다.

아 1 신부가 사랑하는 자에 대한 사모의 정을 독백으로 노래하고 신부의 지극한 사랑 고백에 신랑이 기쁨으로 화답한다. 하나님이 허락하신 가장 아름답고 지순한 사랑을 오감에 호소하는 풍부한 비유적 표현들이 넘치고 있다.

히 1 히브리서는 다시 유대교로 회귀하려는 유대인 성도들을 위해 복음을 변증할 목적으로 기록된 듯하다. 이런 맥락에서 서론격인 1장에서는 무엇보다 복음의 중심인 예수 그리스도의 초월적이고 탁월하신 성품이 잘 나타난다. 저자는 전반부에서 만물의 창조자요 구원자인 예수 그리스도의 신적 성품을 상기시키고 예수 그리스도는 천사보다 더욱 월등한 분이심을 힘주어 가르친다.

더 깊은 묵상

출애굽 할 때 문설주에 다른 어린 양의 피가 이스라엘 백성들을 구원하여, 장차 오실 어린 양 예수님의 보혈의 피를 예표한 것처럼, 민수기에서 아론의 아들들을 제사장으로 구별하고, 레위인을 장자를 대신해 성소의 임무를 맡은 하나님의 사람들로 부르신 것도 장차 오실 예수님을 예표한 것입니다. 예수님의 뛰어나심은 이 땅의 어떤 기준으로도 측량할 수 없습니다. 예수님을 따르는 우리도 세상이 따라 올 수 없는 사랑을 할 수 있어야 합니다. 예수님이 보여 주신 생명을 주는 사랑이어야 합니다.

기도와 적용

말씀기도

❶ 하나님을 온전히 사랑함으로 모든 길을 맡기고 의뢰하는 삶을 살게 하소서.

❷ 마음을 다하고 뜻을 다해 예수 그리스도를 사랑하는 삶이 되게 하소서.

❸ 저의 길을 주께 맡깁니다. 동행하며 인도하소서.

나의 적용

오늘의 감사

믿음으로 감사

소망으로 감사

사랑으로 감사

말씀암송

시 37:23 여호와께서 사람의 ☐☐을 정하시고 그의 ☐을 기뻐하시나니

말씀배경 지식

민수기의 인구조사에는 왜 남자만 계수되었나

고대 이스라엘에서 인구조사를 한 데는 크게 두 가지 이유가 있다. 한 가지 이유는 전쟁시에 나라를 지킬 수 있는 남자들의 수가 얼마나 되는지 알아보기 위함이었다. 이것이 바로 모든 남자가 다 집계되지 않고 싸울 수 있는 남자들만이 집계되었던 이유이다. 또 다른 이유는 성막에서 하나님을 섬길 수 있는 사람들의 수를 알아보기 위함이었다. 레위인들은 군입대가 면제되었기 때문에 태어난 지 한 달이 안 되는 아이들을 제외한 모든 레위인들이 다 집계의 대상이 되었다. 이 같은 인구조사의 두 가지 목적은 나라의 목적에 꼭 들어맞았다. 여성의 가치를 떨어뜨리기 위해 남자들만 계수한 것이 아니었다.

117 일차 365

4월 27일

계수된 자

민수기 4장 | 시편 38편 | 아가 2장 | 히브리서 2장

말씀 연결 계수와 회개 (민 4, 시 38)

민수기 4장 | 계수하심

4:4 고핫 자손이 회막 안의 지성물에 대하여 할 일은 이러하니라

4:15 진영을 떠날 때에 아론과 그의 아들들이 성소와 성소의 모든 기구 덮는 일
을 마치거든 고핫 자손들이 와서 멜 것이니라 그러나 성물은 만지지 말라 그들이
죽으리라 회막 물건 중에서 이것들은 고핫 자손이 멜 것이며

4:20 그들은 잠시라도 들어가서 성소를 보지 말라 그들이 죽으리라

4:23 삼십 세 이상으로 오십 세까지 회막에서 복무하고 봉사할 모든 자를 계수
하라

4:33 이는 제사장 아론의 아들 이다말의 수하에 있을 므라리 자손의 종족들이
그 모든 직무대로 회막에서 행할 일이니라

4:37 이는 모세와 아론이 여호와께서 모세에게 명령하신 대로 회막에서 종사하
는 고핫인의 모든 종족 중 계수된 자이니라

시편 38편 | 회개함

38:4 내 죄악이 내 머리에 넘쳐서 무거운 짐 같으니 내가 감당할 수 없나이다

38:7 내 허리에 열기가 가득하고 내 살에 성한 곳이 없나이다

38:13 나는 못 듣는 자 같이 듣지 아니하고 말 못하는 자 같이 입을 열지 아니하
오니

38:16 내가 말하기를 두렵건대 그들이 나 때문에 기뻐하며 내가 실족할 때에 나
를 향하여 스스로 교만할까 하였나이다

38:20 또 악으로 선을 대신하는 자들이 내가 선을 따른다는 것 때문에 나를 대
적하나이다

오늘의 찬양
찬송가 595장 | 나 맡은 본문은

맥체인성경365
662p

말씀 연결 잡음과 받음 (아 2, 히 2)

아가 2장 | 여우를 잡음

2:1 나는 사론의 수선화요 골짜기의 백합화로다

2:3 남자들 중에 나의 사랑하는 자는 수풀 가운데 사과나무 같구나 내가 그 그늘
에 앉아서 심히 기뻐하였고 그 열매는 내 입에 달았도다

2:15 우리를 위하여 여우 곧 포도원을 허는 작은 여우를 잡으라 우리의 포도원
에 꽃이 피었음이라

히브리서 2장 | 시험 가운데 도움을 받음

2:1 그러므로 우리는 들은 것에 더욱 유념함으로 우리가 흘러 떠내려가지 않도록
함이 마땅하니라

2:2 천사들을 통하여 하신 말씀이 견고하게 되어 모든 범죄함과 순종하지 아니함
이 공정한 보응을 받았거든

2:4 하나님도 표적들과 기사들과 여러 가지 능력과 및 자기의 뜻을 따라 성령이 나
누어 주신 것으로써 그들과 함께 증언하셨느니라

2:9 오직 우리가 천사들보다 잠시 동안 못하게 하심을 입은 자 곧 죽음의 고난 받으
심으로 말미암아 영광과 존귀로 관을 쓰신 예수를 보니 이를 행하심은 하나님의
은혜로 말미암아 모든 사람을 위하여 죽음을 맛보려 하심이라

2:10 그러므로 만물이 그를 위하고 또한 그로 말미암은 이가 많은 아들들을 이끌어
영광에 들어가게 하시는 일에 그들의 구원의 창시자를 고난을 통하여 온전하게 하
심이 합당하도다

2:17 그러므로 그가 범사에 형제들과 같이 되심이 마땅하도다 이는 하나님의 일에
자비하고 신실한 대제사장이 되어 백성의 죄를 속량하려 하심이라

묵상 가이드

민 4 레위 지파 내 세 가문(고핫, 게르손, 므라리) 사람들이 담당할 직무를 구체적으로 명시하는 장면과 성막 봉사에 임할 30-50세의 남자 레위인들을 계수하는 장면이다. 한편 하나님의 일에 있어서 직무의 다양성은 인격과 신분의 차이를 뜻하는 것이 아니라 재능과 사명의 차이를 뜻할 뿐이다.

시 38 시편에 소개된 일곱 편의 회개시(6, 32, 38, 51, 102, 130, 143편) 가운데 하나이다. 특히 시인은 자신의 죄악으로 인해 직면한 심각한 육체적 고통에 대해 하나님의 구원을 호소하고 있다.

아 2 신랑과 신부의 사랑이 결혼으로 승화되기 전 신랑을 향한 신부의 밝고 화사한 사랑의 노래가 불려진다. 한편 신랑 신부의 봄 같은 사랑이 피어오르는 것과 동시에 그 사랑을 방해하는 작은 여우의 활동도 시작된다.

히 2 예수 그리스도께서 천사보다 탁월한 분임을 설명한 1장에서 이어 저자는 천사를 통해 수여한 율법이 소중히 여김을 받던 과거를 회상하면서 그리스도를 통해 받은 구원이 얼마나 소중한지를 상기시킨다. 그리고 예수 그리스도께서 낮아지신 것은 바로 우리의 구원 때문이지 천사보다 못하기 때문이 아님을 다시 한 번 강조한다.

더 깊은 묵상

성도는 하나님께 계수된 자입니다. 하나님은 우리의 죄악도 세신 바 되십니다. 죽음의 고통까지 경험하셨기에 우리의 모든 고난을 이해하시고, 우리가 고난 가운데 있을 때 손잡아 동행해 주시며 능히 도우시는 예수님께 죄를 자복하며 나아감으로 예수님의 도우심을 받아야 합니다. 삶의 고난이 찾아올지라도 숨거나 피하려 하기보다는 하나님께 달려가 하나님의 도움을 구하십시오. 우리를 사랑하시는 하나님은 우리의 고난의 기도에 응답하시고, 우리와 동행해 주실 것입니다.

기도와 적용

말씀기도

❶ 고난 가운데서도 예수 그리스도만을 바라보고 살아가는 삶이 되게 하소서.
❷ 하나님의 백성으로 계수된 성도로서 회개의 삶을 살게 하소서.
❸ 힘들 때나 즐거울 때나 언제나 제 마음의 중심은 하나님만 바라보게 하소서.

나의 적용

오늘의 감사

믿음으로 감사

소망으로 감사

사랑으로 감사

말씀암송

아 2:15 우리를 위하여 여우 곧 ☐☐☐을 허는 작은 여우를 잡으라 우리의 포도원에 ☐이 피었음이라

말씀배경 지식

베데르 (아 2:17)
'베데르'는 원어 '바타르', '둘로 자르다'에서 유래한 단어이다. 이 단어는 베리트, 언약, 맹세, 협정'과도 그 뿌리가 같다. 그러므로 베데르 산은 언약의 산이라고 유추할 수 있다. 술람미 여인은 지금 언약 신앙을 고백하고 있다. 언약의 주인은 노루와 사슴으로 묘사된 우리 신랑 예수 그리스도이다.

죄의 유혹

민수기 5장 | 시편 39편 | 아가 3장 | 히브리서 3장

말씀 연결 죄악과 용서 (민 5, 시 39)

민수기 5장 | 죄악을 기억나게 하는 소제

5:2 이스라엘 자손에게 명령하여 모든 나병 환자와 유출증이 있는 자와 주검으
로 부정하게 된 자를 다 진영 밖으로 내보내되

5:6 이스라엘 자손에게 이르라 남자나 여자나 사람들이 범하는 죄를 범하여 여
호와께 거역함으로 죄를 지으면

5:10 각 사람이 구별한 물건은 그의 것이 되나니 누구든지 제사장에게 주는 것
은 그의 것이 되느니라

5:14 그 남편이 의심이 생겨 그 아내를 의심하였는데 그의 아내가 더럽혀졌거나
또는 그 남편이 의심이 생겨 그 아내를 의심하였으나 그 아내가 더럽혀지지 아니
하였든지

5:15 그의 아내를 데리고 제사장에게로 가서 그를 위하여 보리 가루 십분의 일
에바를 헌물로 드리되 그것에 기름도 붓지 말고 유향도 두지 말라 이는 의심의
소제요 죄악을 기억나게 하는 기억의 소제라

시편 39편 | 주의 용서를 구함

39:2 내가 잠잠하여 선한 말도 하지 아니하니 나의 근심이 더 심하도다

39:4 여호와여 나의 종말과 연한이 언제까지인지 알게 하사 내가 나의 연약함을
알게 하소서

39:5 주께서 나의 날을 한 뼘 길이만큼 되게 하시매 나의 일생이 주 앞에는 없는
것 같사오니 사람은 그가 든든히 서 있는 때에도 진실로 모두가 허사뿐이니이다
(셀라)

39:6 진실로 각 사람은 그림자 같이 다니고 헛된 일로 소란하며 재물을 쌓으나 누
가 거둘는지 알지 못하나이다

39:8 나를 모든 죄에서 건지시며 우매한 자에게서 욕을 당하지 아니하게 하소서

39:12 여호와여 나의 기도를 들으시며 나의 부르짖음에 귀를 기울이소서 내가 눈
물 흘릴 때에 잠잠하지 마옵소서 나는 주와 함께 있는 나그네이며 나의 모든 조상
들처럼 떠도나이다

오늘의 찬양
찬송가 486장 | 이 세상에 근심된 일이 많고

맥체인성경365
666p

말씀 연결 사랑하는 자 예수 (아 3, 히 3)

아가 3장 | 여우를 잡음

3:1 내가 밤에 침상에서 마음으로 사랑하는 자를 찾았노라 찾아도 찾아내지 못하였노라

3:3 성 안을 순찰하는 자들을 만나서 묻기를 내 마음으로 사랑하는 자를 너희가 보았느냐 하고

3:6 몰약과 유향과 상인의 여러 가지 향품으로 향내 풍기며 연기 기둥처럼 거친 들에서 오는 자가 누구인가

3:10 그 기둥은 은이요 바닥은 금이요 자리는 자색 깔개라 그 안에는 예루살렘 딸들의 사랑이 엮어져 있구나

히브리서 3장 | 대제사장이신 예수

3:1 그러므로 함께 하늘의 부르심을 받은 거룩한 형제들아 우리가 믿는 도리의 사도이시며 대제사장이신 예수를 깊이 생각하라

3:3 그는 모세보다 더욱 영광을 받을 만한 것이 마치 집 지은 자가 그 집보다 더욱 존귀함 같으니라

3:5 또한 모세는 장래에 말할 것을 증언하기 위하여 하나님의 온 집에서 종으로서 신실하였고

3:9 거기서 너희 열조가 나를 시험하여 증험하고 사십 년 동안 나의 행사를 보았느니라

3:11 내가 노하여 맹세한 바와 같이 그들은 내 안식에 들어오지 못하리라 하였다 하였느니라

3:13 오직 오늘이라 일컫는 동안에 매일 피차 권면하여 너희 중에 누구든지 죄의 유혹으로 완고하게 되지 않도록 하라

묵상 가이드

민 5 광야 여정을 본격적으로 시작하기 전 이스라엘 진영 내의 의식적 부정을 일소하라는 명령과 함께 이웃에게 행한 죄를 해소하는 방법 및 남편에게 의심받는 아내를 판결하고 그 문제를 해결하는 방법 등이 제시되고 있다. 이를 통해 아무리 거칠고 열악한 환경(광야)이라고 할지라도 하나님께서 백성으로서의 거룩은 절대적으로 요구됨을 깨우치고 있다.

시 39 일종의 탄원시로 생의 마지막에 이른 시인은 인생의 무상함을 노래하고 지난날의 허망한 삶을 참회하며 하나님께 구원을 호소한다.

아 3 사랑의 포도원을 침입한 '작은 여우'의 방해에도 불구하고 사랑의 열기가 식지 않았던 신랑과 신부가 마침내 결혼에 성공하는 내용이다.

히 3 천사보다 월등히 뛰어나신 예수 그리스도의 신성에 대해 가르친 2장에 이어 저자는 율법 수여자인 모세를 예수 그리스도에 비교함으로써 예수 그리스도의 탁월성을 입증한다. 또한 모세 시대에 이스라엘 백성들이 실패한 역사를 사례로 들어 예수 그리스도의 우월성을 다시 한 번 강조한다.

더 깊은 묵상

죄를 어떻게 처리하십니까? 대제사장이신 예수님 앞에 내려놓아야 합니다. 죄를 처리하지 않으면 완고해집니다. 완고함은 하늘의 은혜를 받을 수 없도록 합니다. 그리고 죄의 자복과 용서는 하나님께만 용서를 구하는 것이 아니라, 그 죄를 지은 당사자에게 먼저 죄의 값을 갚고 용서를 구할 것을 말씀하고 있습니다. 진정한 용서는 하나님과 사람 양쪽 모두로부터 받아야 하는 것이기 때문입니다. 우리가 죄를 짓지 않기 위해서는 우리의 연약함을 고백하는 것뿐입니다. 하나님은 겸비한 자를 기뻐하십니다.

기도와 적용

말씀기도

우리의 죄는 오직 대제사장이신 예수 그리스도만이 우리의 죄를 해결할 수 있는 유일한 길이며, 예수를 찾고 주께 우리의 죄의 용서를 구하고 우리의 죄 때문에 십자가에 달려서 단번에 죽으신 그리스도의 값없는 은혜에 감사하며 기도합니다.

나의 적용

오늘의 감사

믿음으로 감사

소망으로 감사

사랑으로 감사

말씀암송

히 3:13 오직 ☐☐이라 일컫는 동안에 매일 피차 권면하여 너희 중에 누구든지 죄의 ☐☐으로 완고하게 되지 않도록 하라

말씀배경 지식

시편 39편

시편에서 나오는 애가들 중 '가장 아름다운 시'라고 부른 참회의 애가이다. 처음에는 말로 할 수 없을 정도의 슬픔에 싸여 그저 심령의 통절함만을 표현한다. 감정을 언제까지나 억누르고 있을 수는 없었기 때문에 결국 시인은 자신의 마음을 하나님께 쏟아 놓는다. 이 시에서는 오직 한 줄기의 빛만이 발견되는데, 그것은 곧 "나의 소망은 주께 있나이다."(7절)라는 신앙고백이다. 시인도 욥처럼 선한 하나님의 통치 아래에서 왜 고통의 문제가 존재하는지에 관심이 있다.

119 일차/365

4월 29일

결산 앞에 선 자의 선택

민수기 6장 | 시편 40-41편 | 아가 4장 | 히브리서 4장

말씀 연결 복과 은혜를 구함 (민 6, 시 40-41)

민수기 6장 | 여호와의 복을 구함

6:2 이스라엘 자손에게 전하여 그들에게 이르라 남자나 여자가 특별한 서원 곧 나실인의 서원을 하고 자기 몸을 구별하여 여호와께 드리려고 하면

6:5 그 서원을 하고 구별하는 모든 날 동안은 삭도를 절대로 그의 머리에 대지 말 것이라 자기 몸을 구별하여 여호와께 드리는 날이 차기까지 그는 거룩한즉 그의 머리털을 길게 자라게 할 것이며

6:6 자기의 몸을 구별하여 여호와께 드리는 모든 날 동안은 시체를 가까이 하지 말 것이요

6:8 자기의 몸을 구별하는 모든 날 동안 그는 여호와께 거룩한 자니라

6:13 나실인의 법은 이러하니라 자기의 몸을 구별한 날이 차면 그 사람을 회막 문으로 데리고 갈 것이요

6:26 여호와는 그 얼굴을 네게로 향하여 드사 평강 주시기를 원하노라 할지니라 하라

시편 40-41편 | 여호와의 은혜를 구함

40:2 나를 기가 막힐 웅덩이와 수렁에서 끌어올리시고 내 발을 반석 위에 두사 내 걸음을 견고하게 하셨도다

40:5 여호와 나의 하나님이여 주께서 행하신 기적이 많고 우리를 향하신 주의 생각도 많아 누구도 주와 견줄 수가 없나이다 내가 널리 알려 말하고자 하나 너무 많아 그 수를 셀 수도 없나이다

40:11 여호와여 주의 긍휼을 내게서 거두지 마시고 주의 인자와 진리로 나를 항상 보호하소서

40:13 여호와여 은총을 베푸사 나를 구원하소서 여호와여 속히 나를 도우소서

41:1 가난한 자를 보살피는 자에게 복이 있음이여 재앙의 날에 여호와께서 그를 건지시리로다

41:2 여호와께서 그를 지키사 살게 하시리니 그가 이 세상에서 복을 받을 것이라 주여 그를 그 원수들의 뜻에 맡기지 마소서

오늘의 찬양
찬송가 269장 | 그 참혹한 십자가에

맥체인성경365
670p

말씀 연결 노래와 은혜의 보좌 (아 4, 히 4)

아가 4장 | 사랑하는 자의 아름다운 노래

4:2 네 이는 목욕장에서 나오는 털 깎인 암양 곧 새끼 없는 것은 하나도 없이 각
각 쌍태를 낳은 양 같구나

4:9 내 누이, 내 신부야 네가 내 마음을 빼앗았구나 네 눈으로 한 번 보는 것과
네 목의 구슬 한 꿰미로 내 마음을 빼앗았구나

4:13 네게서 나는 것은 석류나무와 각종 아름다운 과수와 고벨화와 나도풀과

히브리서 4장 | 은혜의 보좌 앞에 나아감

4:1 그러므로 우리는 두려워할지니 그의 안식에 들어갈 약속이 남아 있을지라도
너희 중에는 혹 이르지 못할 자가 있을까 함이라

4:6 그러면 거기에 들어갈 자들이 남아 있거니와 복음 전함을 먼저 받은 자들은 순
종하지 아니함으로 말미암아 들어가지 못하였으므로

4:8 만일 여호수아가 그들에게 안식을 주었더라면 그 후에 다른 날을 말씀하지 아
니하셨으리라

4:10 이미 그의 안식에 들어간 자는 하나님이 자기의 일을 쉬심과 같이 그도 자기
의 일을 쉬느니라

4:12 하나님의 말씀은 살아 있고 활력이 있어 좌우에 날선 어떤 검보다도 예리하여
혼과 영과 및 관절과 골수를 찔러 쪼개기까지 하며 또 마음의 생각과 뜻을 판단하
나니

묵상 가이드

민 6 거룩하게 구별된 선민의 전형적인 존재인 나실인 제도에 관해 상세히 계시되고, 이어서 하나님의 권위로써 백성에게 전하도록 한 제사장의 축복 선언이 소개 된다. 여기서 백성들의 전적인 헌신과 성결에 대해 넘치는 복과 사랑으로 응답하시겠다는 하나님의 묵시적 메시지를 발견할 수 있다

시 40-41 41편에서는 고난 중에 구원을 베푸신 하나님의 은혜를 노래한 감사와 찬양의 시이다. 시인은 이미 체험한 구원에 대해 벅찬 감격으로 찬양하며 장차 닥쳐올 고난 가운데서의 구원을 간구한다. 그리고 시편 1편을 마무리 짓는 시로서 영원한 사랑으로 돌보시는 여호와 하나님만이 우리의 구원이시오 의지할 분이심을 노래한다.

아 4 결혼을 통해 완전한 사랑을 확인한 신랑이 신부를 기리며 아름다운 사랑의 송가를 부르는 내용이다.

히 4 안식에 대한 하나님의 약속이 여전히 유효함을 상기시키면서 이 안식에 들어가기를 힘쓰라고 권면한다. 그리고 안식에 들어갈 수 있는 비결은 여원한 대제사장이신 예수 그리스도를 절대적으로 의지하는 것이라고 가르친다.

더 깊은 묵상

우리에게는 세상 사람들이 소망하는 것과는 비교할 수 없는 더 큰 소망이 있습니다. 하나님이 주시는 복과 은혜와 평강이 우리의 것입니다. 세상의 복과 행복과는 비교할 수 없는 것입니다. 세상의 것은 종말의 때에 한 줌 모래처럼, 바람처럼 사라져버릴 것이지만 하나님의 복과 은혜는 세상 끝날까지도 영원할 것이기 때문입니다. 하나님은 우리를 마지막 날에 결산하십니다. 결산 앞에 서기까지 은혜가 더욱 필요합니다. 성도는 때를 따라 돕는 은혜를 얻기 위해 은혜의 보좌 앞에 담대히 나아가야 합니다.

기도와 적용

말씀기도

❶ 썩어 없어질 세상의 물질과 부귀보다 하나님 나라의 복과 은혜와 소망을 사모하게 도와주소서.
❷ 내 마음의 생각과 뜻을 감찰하셔서 하나님 앞에 순결한 자녀로 살아가게 하여 주소서.
❸ 때를 따라 도우시는 하나님의 은혜를 체험하며 살아가는 삶이 되게 하소서.

나의 적용

오늘의 감사

믿음으로 감사

소망으로 감사

사랑으로 감사

말씀암송

시 40:2 나를 기가 막힐 웅덩이와 수렁에서 끌어올리시고 내 발을 ☐☐ 위에 두사 내 ☐☐을 견고하게 하셨도다

말씀배경 지식

아가 4장
신부의 아름다움에 대한 비유로서 신체를 '눈'(비둘기), '머리털'(길르앗 산 염소), '이'(쌍태 낳은 양), '입술'(홍색 실), '뺨'(석류), '목'(다윗의 망대), '유방'(쌍태의 어린 사슴)으로 표현한다.

120 일차 365

도우시는 하나님

4월 30일

민수기 7장 | 시편 42-43편 | 아가 5장 | 히브리서 5장

말씀 연결 도우심과 찾음 (민 7, 시 42-43)

민수기 7장 | 제단(직임, 드림, 하나님의 도우심)

7:3 그들이 여호와께 드린 헌물은 덮개 있는 수레 여섯 대와 소 열두 마리이니 지휘관 두 사람에 수레가 하나씩이요 지휘관 한 사람에 소가 한 마리씩이라 그것들을 장막 앞에 드린지라

7:9 고핫 자손에게는 주지 아니하였으니 그들의 성소의 직임은 그 어깨로 메는 일을 하는 까닭이었더라

7:10 제단에 기름을 바르던 날에 지휘관들이 제단의 봉헌을 위하여 헌물을 가져다가 그 헌물을 제단 앞에 드리니라

7:13 그의 헌물은 성소의 세겔로 백삼십 세겔 무게의 은반 하나와 칠십 세겔 무게의 은 바리 하나라 이 두 그릇에는 소제물로 기름 섞은 고운 가루를 채웠고

7:34 속죄제물로 숫염소 한 마리이며

7:41 화목제물로 소 두 마리와 숫양 다섯 마리와 숫염소 다섯 마리와 일 년 된 어린 숫양 다섯 마리라 이는 수리삿대의 아들 슬루미엘의 헌물이었더라

7:43 그의 헌물도 성소의 세겔로 백삼십 세겔 무게의 은 쟁반 하나와 칠십 세겔 무게의 은 바리 하나라 이 두 그릇에는 소제물로 기름 섞은 고운 가루를 채웠고

시편 42-43편 | 여호와를 찾음

42:4 내가 전에 성일을 지키는 무리와 동행하여 기쁨과 감사의 소리를 내며 그들을 하나님의 집으로 인도하였더니 이제 이 일을 기억하고 내 마음이 상하는도다

42:5 내 영혼아 네가 어찌하여 낙심하며 어찌하여 내 속에서 불안해 하는가 너는 하나님께 소망을 두라 그가 나타나 도우심으로 말미암아 내가 여전히 찬송하리로다

43:1 하나님이여 나를 판단하시되 경건하지 아니한 나라에 대하여 내 송사를 변호하시며 간사하고 불의한 자에게서 나를 건지소서

43:3 주의 빛과 주의 진리를 보내시어 나를 인도하시고 주의 거룩한 산과 주께서 계시는 곳에 이르게 하소서

43:4 그런즉 내가 하나님의 제단에 나아가 나의 큰 기쁨의 하나님께 이르리이다 하나님이여 나의 하나님이여 내가 수금으로 주를 찬양하리이다

오늘의 찬양
찬송가 218장 | 네 맘과 정성을 다하여서

맥체인성경365
675p

말씀 연결 연모와 순종 (아 5,히 5)

아가 5장 | 사랑하는 자를 연모함

5:1 내 누이, 내 신부야 내가 내 동산에 들어와서 나의 몰약과 향 재료를 거두고
나의 꿀송이와 꿀을 먹고 내 포도주와 내 우유를 마셨으니 나의 친구들아 먹으라
나의 사랑하는 사람들아 많이 마시라

5:4 내 사랑하는 자가 문틈으로 손을 들이밀매 내 마음이 움직여서

5:6 내가 내 사랑하는 자를 위하여 문을 열었으나 그는 벌써 물러갔네 그가 말할
때에 내 혼이 나갔구나 내가 그를 찾아도 못 만났고 불러도 응답이 없었노라

5:7 성 안을 순찰하는 자들이 나를 만나매 나를 쳐서 상하게 하였고 성벽을 파수
하는 자들이 나의 겉옷을 벗겨 가졌도다

5:10 내 사랑하는 자는 희고도 붉어 많은 사람 가운데에 뛰어나구나

5:14 손은 황옥을 물린 황금 노리개 같고 몸은 아로새긴 상아에 청옥을 입힌 듯
하구나

히브리서 5장 | 사랑하는 자의 순종하심

5:6 또한 이와 같이 다른 데서 말씀하시되 네가 영원히 멜기세덱의 반차를 따르는
제사장이라 하셨으니

5:7 그는 육체에 계실 때에 자기를 죽음에서 능히 구원하실 이에게 심한 통곡과 눈
물로 간구와 소원을 올렸고 그의 경건하심으로 말미암아 들으심을 얻었느니라

5:14 단단한 음식은 장성한 자의 것이니 그들은 지각을 사용함으로 연단을 받아 선
악을 분별하는 자들이니라

묵상 가이드

민 7 성막이 완공된 후 한 달여 만에 성막 봉헌식이 거행되었다. 7장에서는 성막 운반을 맡은 레위 각 가문의 역할과 12일간 열두 지파 족장이 동일한 예물을 바친 기사가 소개된다. 이로써 이스라엘은 명실공이 자신들의 왕이신 하나님을 중심에 모신 언약 백성의 모습을 갖추게 되었다.

시 42-43 42편은 성전에서 봉사한 고라 자손이 맡아 보관하던 교훈시이며 다윗이 압살롬의 반역을 피해 도피한 역사를 배경으로 한다. 그리고 43편에서 시인은 당연한 고난에 대한 호소에 머물지 않고 구원의 하나님을 바라보며 영광을 돌리고 있다.

아 5 지극한 사랑으로 결혼에 이르게 되었지만 두 사람 사이에 사랑의 갈등이 일어난다. 아주 작은 일로 갈등하게 된 신랑과 신부의 간절한 노래가 소개되고 있다.

히 5 예수 그리스도가 위대한 대제사장이 되실 자격을 갖추신 분임을 소개한다. 그리고 성도는 무엇보다 영적인 성장을 이룰 때에만 이러한 신령한 지식을 가질 수 있다고 가르친다.

더 깊은 묵상

도움이 필요하십니까? 사람을 찾기 전에 하나님께 나아가십시오. 하나님이 나타나 도우십니다. 사람의 도움은 한시적이지만 하나님의 도우심은 영원합니다. 사슴이 시냇물을 찾기에 갈급함 같이 하나님의 도우심을 바라십시오. 하나님의 도우심은 우리들의 죄를 단번에 사하시기 위해 통곡과 눈물과 간구 끝에 십자가에서 보혈을 흘리신 예수님을 통해 보여 주셨습니다.

기도와 적용

말씀기도

❶ 제가 가진 모든 것들이 하나님이 주신 것이라는 것을 잊지 않게 하소서.
❷ 예수님을 처음 만났던 날의 열정과 사랑과 소망을 회복시켜 주소서.
❸ 하나님을 소망 가운데 두며 믿음으로 나아가는 삶이 되게 하소서.

나의 적용

오늘의 감사

믿음으로 감사

소망으로 감사

사랑으로 감사

말씀암송

시 43:3 주의 ☐과 주의 ☐☐를 보내시어 나를 인도하시고 주의 거룩한 산과 주께서 계시는 곳에 이르게 하소서

말씀배경 지식

대제사장 (히 5:1)
대제사장의 임무는 두 가지로 요약할 수 있다. 첫째는 사람을 하나님께로 데려가는 자이고, 둘째는 그의 백성을 대표하는 자이다. 그리스도는 두 가지 본성, 즉 신성과 인성을 가지고 계시기 때문에 아론과 비교할 수 없는 참 대제사장이시다. 그러면 대제사장의 사역인 주님의 제사는 어떤 제사인가? 히브리서에는 '더 나은 제사'라고 하였다. 히브리서에는 더 나은 제사를 네 가지 용어로 표현하고 있다. '속죄하다', '정결하다', '거룩하다', '온전하다'라는 단어이다.

나의 하나님 나의 하나님

강태원

원하고 바라고 기도합니다

이현임, 김요셉, 민호기

심령이 가난한 자는

여명현

손글씨성경(**잠언쓰기**) 개역개정

잘펴지는 **제본**
Q.T로 활용
성경본문 포함

가격 8,000원

170*220 | 96면 | 무선제본
출판사_ 선교횃불

손글씨성경의 특징

모눈모양의 도트로 칸을 구분하여, 형식에 얽매이지 않고 자유롭게 필사할 수 있습니다.
필사 후 선이 보이지 않아 더 깔끔한 나만의 쓰기성경을 만나볼 수 있습니다.

콤팩트한 사이즈로 **휴대**가 용이하여 장소와 시간에 구애받지 않고 필사할 수 있습니다.

성경본문 수록으로 성경쓰기와 함께 묵상노트로 활용이 가능합니다.

360° 쉽게 잘 펴지는 **양장 제본**형태로 쓰시는데 불편함이 없습니다.

성경본문 **절간 간격**을 띄어 한눈에 보기 편하도록 편집하였습니다.

쓰다가 잘못 쓸 경우를 대비하여 **지워지는 볼펜** 사용을 적극 **권장**합니다.

페이지 좌측_ 성경말씀(개역개정) / 우측_ 쓰기편한 모눈(4mm) 편집
눈의 필요를 덜어 주는「100g/㎡ 뉴플러스」내지

MISSION TORCH

선교횃불 [찬양집]

워십통기타 1
(B5/스프링)-CD 66곡
가격 16,000원

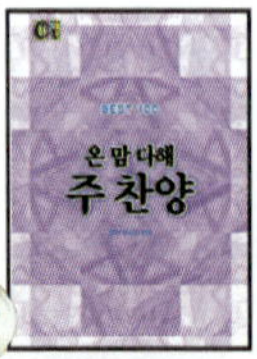

온맘다해주찬양
(120*180/무선) 100곡
가격 4,000원

작은소리큰울림
(B5/무선) 52곡
가격 5,000원

어린이찬양
(4*6/스프링) 255곡
가격 9,000원

찬양의 샘
(B5/스프링) 220곡
가격 10,000원

찬양의 삶
(145*200/스프링) 262곡
가격 9,000원

영어찬양Best(150/300)
(B5/무선) 가격 8,000원
(B5/스프링) 가격 14,000원

소리높여 주찬양
(B5/스프링) 330곡
가격 14,000원

은혜의보좌 앞에서
(신국/가죽) 352곡
가격 15,000원

은혜로 주찬양
(B5/스프링) 400곡
가격 20,000원

새힘으로 주찬양
(신국/스프링) 400곡
가격 13,000원

새힘으로 주찬양
(B5/스프링) 400곡
가격 15,000원

어린이찬송가
(300곡/증보판) 400곡
가격 8,000원

어린이찬송가
(B5/스프링) 400곡
가격 15,000원

새노래로찬양
(4*6/스프링) 430곡
가격 10,000원

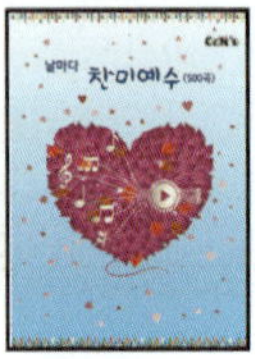

날마다찬미예수
(B5/스프링) 500곡
가격 18,000원

날마다찬미예수
(신국/무선) 500곡
가격 12,000원

날마다찬미예수
(B5/무선) 250곡
가격 11,000원

날마다찬미예수
(B5/돌출스프링) 800곡
가격 27,000원

부흥찬양
(양장/고주파) 450곡
가격 12,000원

부흥찬양
(B5/스프링) 450곡
가격 16,000원

성령충만은혜충만 465곡
(B5/무선) 가격 17,000원
(B5/스프링) 가격 18,000원

다함께주찬양520
(4*6변형/돌출스프링)520곡
가격 17,000원

다함께주찬양520
(B5/내면스프링) 520곡
가격 22,000원

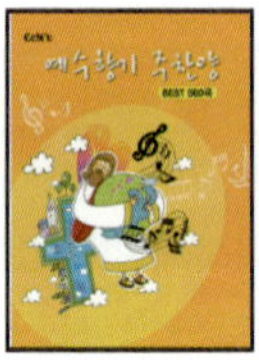

예수향기주찬양
(133*197/스프링) 560곡
가격 17,000원

경배와 찬양_ 600곡
(신국/무선) 가격 17,000원
(신국/스프링) 가격 18,000원

경배와 찬양
(B5/스프링) 600곡
가격 21,000원

내영혼의주찬양 (청,갈색)
(신국/고주파) 700곡
가격 22,000원

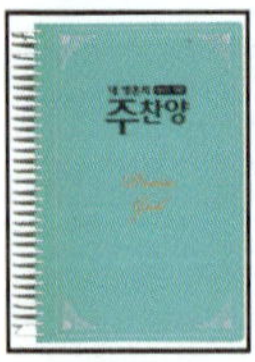

내영혼의주찬양 - 청록
(B5/돌출스프링) 700곡
가격 24,000원

복음찬송가
(신국/가죽) 715곡
가격 15,000원

작은소리큰울림
경청2(B5/S) 900곡
가격 16,000원

작은소리큰울림
경청2(A4/S) 900곡
가격 18,000원

천사들의주찬양
(B5/돌출스프링) 1004곡
가격 28,000원

우리교회 맞춤찬양집

저작권법이 강화되어 사회적 문제가 되고 있습니다.
합법적으로 저작권 승인을 받아, 우리교회만의 맞춤 찬양집을 제작하여 드리고 있습니다.
다양한 크기, 여러 제본 형식, 원하는 표지로, 우리교회 이름으로 고급스럽게 출판하여 드립니다.